明末清初
西洋汉语词典三种

第❶册：明末清初西洋汉语词典三种考述

姚小平　著

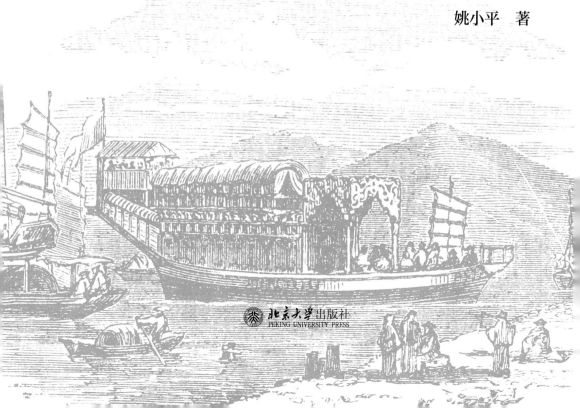

图书在版编目（CIP）数据

明末清初西洋汉语词典三种 / 姚小平著. ——北京：北京大学出版社，2024.9. —— ISBN 978-7-301-35573-2

Ⅰ. H164

中国国家版本馆CIP数据核字第2024X6S523号

书　　　名	明末清初西洋汉语词典三种 MINGMO QINGCHU XIYANG HANYU CIDIAN SANZHONG
著作责任者	姚小平　著
责 任 编 辑	路冬月
标 准 书 号	ISBN 978-7-301-35573-2
出 版 发 行	北京大学出版社
地　　　址	北京市海淀区成府路205号　100871
网　　　址	http://www.pup.cn　　新浪微博：@北京大学出版社
电 子 邮 箱	zpup@pup.cn
电　　　话	邮购部 010-62752015　发行部 010-62750672 编辑部 010-62753374
印 刷 者	北京中科印刷有限公司
经 销 者	新华书店 720毫米×1020毫米　16开本　119.5印张　2080千字 2025年1月第1版　2025年1月第1次印刷
定　　　价	480.00元（全5册）

未经许可，不得以任何方式复制或抄袭本书之部分或全部内容。
版权所有，侵权必究
举报电话：010-62752024　电子邮箱：fd@pup.cn
图书如有印装质量问题，请与出版部联系，电话：010-62756370

国家社科基金后期资助项目
出版说明

后期资助项目是国家社科基金设立的一类重要项目，旨在鼓励广大社科研究者潜心治学，支持基础研究多出优秀成果。它是经过严格评审，从接近完成的科研成果中遴选立项的。为扩大后期资助项目的影响，更好地推动学术发展，促进成果转化，全国哲学社会科学工作办公室按照"统一设计、统一标识、统一版式、形成系列"的总体要求，组织出版国家社科基金后期资助项目成果。

全国哲学社会科学工作办公室

序

摆在我们面前的这三部西洋汉语词典，都已颇有一些年头。最早的一部是《葡汉词典》手稿，出自明万历初年；另外两部，一为《汉法词典》印本，一为题作"官话词汇"的西班牙语汉语词典抄本，去今也都甚远，是清康熙前期的事情了。那时候绝少有国人知道，世间竟有这样的一类语文书，是欧洲人特为把握我们的语言而编写的。明末清初，中西语言文化开始接触并互通，不少西书便乘此时运而来，不仅获得译介，还被《四库全书》接纳，意味着学界和官方都认为这些书能为我所用，有助于促进中国学术的发展。这批西书多以科学技术、天文地理为题材，只有一本是例外，即金尼阁根据利玛窦方案修成的注音字汇《西儒耳目资》（1626）。此前利玛窦还撰有《西字奇迹》（1605），是同类性质的语音书。假如利玛窦真是《葡汉词典》的著者之一，其上所见的葡文字母记音就是日后利氏注音方案的前身；或者，利玛窦并非著者，而只是该词典稿本的经手者，那么这种记音也应为他所熟悉。1957年文字改革出版社重印《西字奇迹》和《西儒耳目资》，是对其学术价值的再度认可。在一定的意义上，西洋语音书可以说是一种特殊性质的科学书，比起西洋汉语语法和词典来更容易为中国学界消化。旧时小学家以构字的形、音、义三要素为准划分研究领域，于是有文字学、音韵学、训诂学三科，而在字形、字音、字义三者当中，唯独字音才具有物理的规定性，可以用精确的手段加以处理。许多通晓音韵的明清学人对拉丁注音青睐有加，正是因为觉得传统的反切法不够好，而拉丁字母简便易学，有望用作析音、记音两便的工具。但初衷可能并不是用拉丁注音全盘取代反切，而是视为一种辅佐的手段，以补全反切法的不足。因此，拉丁注音是乘汉语之虚而入，更是应汉语之需而生的。

语法是小学的弱项，可是西洋汉语语法却没有乘虚而入。中国人识字念书做文章，并无学语法的必要，因此未及早早吸取欧洲人擅长的语法术，将其化为国学的一门。至于西洋汉语词典，起先同样不为中国学人所需。何况中国词典学的传统极为强劲，编纂的方式方法较之欧洲语言的词典复杂得多，或者按义类搭建词目框架，或者设立部首以统辖上万汉字，或者先划分韵类再编排字词，产出的字典辞书各式各样难以胜数，小学家哪里会瞧得上西洋汉语词典？除非有人想学欧语，把西洋汉语词典当作参考资料。早期来到中国，试图一探汉语究竟的西洋人，无不惊讶于中国人的词典品类繁多，部头巨大，却又为这些词典不适合外国人使用感到可惜，出于学语言的需要不得不亲自动手编纂欧汉、汉欧双向的语词手册。倘若把手稿、抄件、印本都算上，方言词典也都不放过，西洋汉语词典的总量会很可观，其中为今人熟知的不过是一小部分，大多数收藏于一些国家的图书馆，历来少有研究者触碰。所以笔者希望，这本《明末清初西洋汉语词典三种》或能成为一个引子，引发这方面的探索兴趣。

要想探明西洋汉语词典的编纂史，首先必须发掘文本，分别主次，将认定有价值的作品悉数整理清楚；进而了解各个发展阶段的特征与走向，或许会发现某些环节相当关键，像是有突然的跃进发生，而多数情况下则是缓步的推进，没有多少新鲜的迹象。目前看来，不妨将《葡汉词典》视为起点。初期明显是一片乱象，《葡汉词典》非但注音简陋，拼法很不统一，就连条目的汉译也大量空缺。经《汉法词典》而至《官话词汇》，便有长足的进步，声调标记和送气符已俱全，词目大幅增加，释义更为丰富而精细，体例也完善了许多。无论是用汉语词来对译欧语的词目，还是将欧语的词目译入汉语，似乎都不单单求诸意义的对应，而是间有语法层面的思量。但是，《葡汉词典》虽然早出，但其上写有汉字，好过后二者。一部汉语词典只写注音不录汉字，终究有伤汉语的真容，也给后人解读条目留下了麻烦。不过，编写者选择忽略汉字，当有自己的考量。万济国先写《华语官话语法》，再编《官话词汇》，两本书上都不出现汉字，主要是考虑到官话教学服务于传教布道，可以且必须口说优先，过了口语关才轮到学习书写和阅读。《汉法词典》不印出汉字，除此之外还受到条件的限制：铸刻字模的难度很大，中西文字混排的技术尚不成熟，使得欧洲的出版商在相当长的一段时间里轻易不敢承接夹有成批汉字的书稿。

转机出现在十九世纪初叶，手工缮写逐渐被淘汰。先是法国汉学家小德金（Joseph de Guignes 1759—1845）修成《汉法拉词典》（1813），利用了叶宗贤词典的抄本，中文书名沿称《汉字西译》

（见本册第118页）。这是第一部工整美观、体例严明、释义简洁而又不失精准的西洋汉语词典印本，按照部首笔画编排，起始于"一Ў"，终止于"龖 Siāo"。字目使用大号宋体印制，法语、拉丁语双重译释，并以阿拉伯数字编序。这也许是汉语词典史上最早的数字化处理，好处是便于征引互参，快速查得异体字、关联字等。如"龖"为第13316字，注明参见第7610字"簫 Siāo"。凡属常见字，其下多给例证或复合词，可惜这些均只见注音，未能写成汉字。很快又有马礼逊的《华英字典》（1815—1823），分作三大部，第一部为汉英，按部首编排；第二部也是汉英，即《五车韵府》，以英式注音的音节为序；第三部则是英汉，用英语立条，照英文字母的顺序排列。其上所有的汉语字词和语句，都写出汉字并加注音。直称"字典"，是要以《康熙字典》为母本，从收字、编排到释义都将这本清代皇家字典尊为范式。至此西洋汉语词典大为改观，形制得以稳固，可以批量发行，学汉语的欧美人再不必为词典难觅苦恼。

十九世纪，印制成书的西洋汉语词典已难历数，这里只再提一下后期的一部大型语文词典。荷兰汉学家施古德（Gustave Schlegel 1840—1930）主编的荷汉大词典，中文名《荷华文语类参》，于1890年出齐四卷，每卷各含若干分册，是西洋汉语词典史上罕见的巨制，试图将常用的汉语词汇一网揽尽。2008年台湾基督长老教会公报社发行影印版，称赞该书为"有史以来部头最大的闽南语词典，所记全是漳州文读音，是研究漳州文读系统最好的素材"[①]。也因此，这部词典颇受当代闽南话研究者的重视。但它的研究价值实不限于一种方言，它不仅照顾到书面语，而且兼备百科辞书的功能，如插有人体骨骼图，分正面与背面，中文称为"仰面骨度部位图"和"合面骨度部位图"。此外，除了荷属东印度（即今印度尼西亚），那里的华人以漳州移民居多，施古德还有意顾及荷兰影响所及的其他地区。尤其是日本，为兰学渗透最深，他期待这部词典在那里也能畅行，因为日本人自编的荷日、荷汉词典疏失过多，也用不顺手。所以，在这部词典的许多条目中会见到汉语词和日语词的对比，并借当时已通用的学术语言英语作解释。

---

① 马重奇、马睿颖（2016）荷兰汉学家施莱格（Gustave Schlegel）《荷华文语类参》（1886）音系研究，《福建师范大学学报》（哲学社会科学版）第6期。

以上是由本课题延伸开来的一些思索。回到三部早期的词典，本书的工作主要在于解读原著，梳理语料，为今人提供可读的本子。至于研究，路子可以多种多样，词典史、汉语史、语言接触史、文化交往史等，哪种视角都可取，而笔者写一篇文章，只能择其一二，略加展开。凡研探欠详，疑惑未解处，期盼未来有兴趣于此的学者匡正补缺。

总目录

第1册：明末清初西洋汉语词典三种考述 …………………… 1—187

第2册：葡汉词典 …………………………………………… 1—340

第3册：汉法词典 …………………………………………… 1—154

第4册：官话词汇 …………………………………………… 1—752

第5册：《葡汉词典》《汉法词典》《官话词汇》中文词语索引 … 1—444

目 录

引 言 ·· 1

一 《葡汉词典》（1580s） ·· 7
1.1 编撰背景和著者问题 ·· 7
1.2 词典文本的结构和布局 ·· 9
1.3 葡语词目的选收 ·· 13
1.4 葡语词目的扩展释义 ·· 15
1.5 暗藏的译释体例 ·· 18
1.6 《葡汉词典》上的汉字 ·· 28
1.7 注音与方音 ·· 39
1.8 葡汉词汇与中西生活 ·· 58
1.9 《葡汉词典》上的中国词 ······································ 83
1.10 小结 ··· 86

二 《汉法词典》（1670） ·· 88
2.1 《汉法词典》印本、著者及其他 ··························· 89
2.2 编排方式 ··· 90
2.3 注音系统 ··· 91
2.4 还原注音，释读法文 ··· 97
2.5 词目的构成 ·· 100
2.6 词汇的地域特征和文化色彩 ·································· 103
2.7 小结 ·· 106

三 《官话词汇》（1679） ·· 108
3.1 词条的构成以及语句的来源 ·································· 109
3.2 中西对译方式 ··· 111
3.3 《官话词汇》与《官话语法》 ······························ 116

3.4　量词：基于语法和语用的双重考虑 …………… 117
　　3.5　白话与文言，口语体与书面体 ………………… 121
　　3.6　副词引起的麻烦 …………………………………… 124
　　3.7　助词"的"和"得"及其构式 …………………… 127
　　3.8　颠倒用字 …………………………………………… 130
　　3.9　《官话词汇》注音的若干特点 …………………… 130
　　3.10　文化词汇 ………………………………………… 170
　　3.11　小结 ……………………………………………… 179

跋　语 …………………………………………………………… 180

参考书目 ………………………………………………………… 183

引 言

西方人认识汉语，有案可察的历史肇端于明朝后期，即西历十六世纪中叶。那时欧亚之间的海路刚刚打通，开始有西洋舰船远航而来。在东来的西人当中，有军人、水手，有探险家、投机商，还有一批肩负着传播所谓圣教使命的教士。所有这些域外来人都有接触汉语的机会，然而并非个个都热衷学习汉语。有些西人来了就走，不作长居久留的打算。在与中国人交往时，他们会趁便学上几句中国话，以应付临时场景之需，仅此而已。传教士则不同，他们来中国就是指望扎下根，决意在远东的这块陆地上长期生活。由于日常交往和宣讲教义都离不开中国话，学习并掌握中国话便成为传教士最迫切的一项任务；又因为汉语是一种文化深厚的语言，拥有大量的文献，传教士们要学的不只是口语，还包括书面语及其文字载体，否则无以与知识阶层深交，遑论对文人学者讲经布道。更兼中国话名义上是一种，实际上分布辽阔，区域差异颇大，每一省都有人操官话，同时也有人讲方言，或者持土腔。面对一种全然陌生的东方语言及其种种语体差别和地理变异，起初传教士懵懂无知，经过一番勤学苦练，才得以慢慢领悟而熟通。在这一摸索的过程中，为方便新来教士学语言而编写的资料书，以及为探讨中国语言文字的方方面面而撰写的学术著作，也就日趋丰富，并且逐渐深入。

回到十六世纪后半叶至十八世纪初叶，即西洋汉语研究史的早期阶段，我们所见的传教士汉语著述主要有三类：一类为语音书，如《西字奇迹》《西儒耳目资》[1]，尝试用拉丁字母给汉字标注读音，是现代汉语拼音的前身；另一类为语法书，例如耶稣会士卫匡国的《中国语言文法》，道明会士万济国的《华语官话语法》[2]，在语言教科书尚未产生的年代里，这些书往往兼当课本使用；还有一类是词汇书，下文要讨论的《葡汉词典》（1580s）、《汉法词典》（1670）、《官话词汇》（1679）便是其中的三种。就分析技术的专精程度和研究

---

[1] 利玛窦（1605）；金尼阁（1626）。

[2] Martini（1696）；Varo（1703）.

对象的客观性而论，以语音书为最，语法书次之，词汇书又次之。就与历史文化和社会生活的关联而言，则以词汇书最紧密，其次是语法书。至于语音书，本于发声和听觉的物理原则，基本上可以排除人文因素的作用。也因此，语音书从一开始就得以为中国学界接受。

词汇书与另外两类著述的关系如何呢？

语音书的目标，在于拟制一套完整的注音符号，用以拼写和记录单字的读音，进而标注成篇的中文作品。词汇书上的汉语字词条目，无论当年是否写有汉字，只要带有西文字母的转写形式，今人稍事梳理就能从中归整出一个注音系统。这样看来，语音书应是词汇书的基础。毕竟，先得有一个成型的注音系统，然后才谈得上给字词注音，并根据音序来编排条目。不过，词汇书有早有晚，其上所见的注音系统有稚嫩有成熟。例如《葡汉词典》早于《西字奇迹》二十年左右，前者的注音系统就明显不及后者所呈现的细腻而周全。

早期西洋汉语语法有一定的编写套路，第一步无非是划分词类，说明诸大词类的性质和功能，以及词与词怎样相互配合以构成语句；第二步会略讲一点句法，如普通的词序规则、复句的构造，顺带展示一些常见的句型；第三步，可能还会讨论几种常用的修辞手段，提醒学习者留意平常说话须遵从的习俗，如怎样表达尊卑谦恭，避免误用禁忌词语。由于中国本土没有可供参照的母语语法著作，传教士只得借取欧洲传统语法的词类框架和形态模式，以为权宜之策。但对汉语独有的某些词汇语法现象，传教士语法家也不无关注，比如量词，会归作一类着重论述。未几，发现中国人原来有一种词汇书，虽然归属"字书"，却专门讲解文言小词的意义和用法，是分析汉语语法不可欠缺的步骤，于是，传教士便效仿中国人关于词类的虚实判分，撰著语法时开始用大幅章节讨论虚词。马若瑟于1728年草成的《汉语札记》①，倡始了一种中西参合的语法著述模式：一部语法书，一半根据欧洲语法的路数铺叙词类，兼及句法，另一半则仿照中国虚字书的分类法，逐个讲解虚词。今天我们品读《汉语札记》时，会看到此书从框架到布局都不同于一般的西洋语法，有些方面反而更接近虚字书。②

这说的是中国人独有的一类词汇书，一度影响了西洋汉语语法的研究路径。就欧洲自身的语言学传统观之，中世纪以来，语法书与词

---

① 拉丁文印本见 Prémare（1831），英译本见 Prémare（1847）。
② 姚小平（2014c）。

汇书一直是两种并行而有别的著述类型。正因此,在西洋汉语研究史上,语法书与词汇书大抵是在同一时期出现,两者分头推进而又彼此助长,由简陋粗疏发展到详备成熟,各有长足的表现。对字词、语法特性的认识,会在词语条目的释义以及例句的对译中得到反映;而词汇书上配备的字词、语句实例,可以用于语法分析,以证明规则的适用范围及其有效程度。探讨一种语言的语法,需要分析种种语用现象,通过归纳、概括而建立起一个合理合用的规则系统,这一过程的考察与撰著难度颇大。相较之下,打理词汇像是一件拉杂零碎的日常活计,人人得便都能操持。在没有任何汉外词典可用的初始阶段,有心者自会留意搜集词汇,一方面便于自己温习,一方面也期望嘉惠后人。集取的字词可多可少,诠释意义可简可繁,条目随时可以补加,内容随处可以扩充。如此攒积汉语词汇,对译以欧西表达,顺手用欧语字母转写,等到数量可观,辑为一册,便成了一本类近词典的书。

早期传教士草编的词汇书远多于语法书,只不过大都已经湮灭不存;得以保存下来的是少数,其中真正达到成熟的形制,够得上现代词典标准的更没有几部。《葡汉词典》其实只是半成品,距离完稿遥无期日。其上相当一批葡语词目空无对应,未及给出汉语表达或诠释,注音不全,释义粗陋之处也颇多。《汉法词典》收词偏少,从立条到译释都缺乏统筹安排。编写者的关注点似乎集中在中国拥有的新奇事物、独特概念以及文化语境的表达上,对普通字词和日常语汇反而不太在意。原稿系由在华传教士贡献,这一点当无疑问,但将之推出者或许本来就不在乎它是否有助于语言学习:此稿在欧洲发表,目的盖在向学界传达关于中国语言文化的综合印象,而不在于教欧洲人学汉语。

再看《官话词汇》,却大不相同,显现出一副成熟词典的面貌:收词丰富得多,而且既重视日常生活词汇,又能兼顾百科词语;整体框架较完备,体例相对严明,从条目的设立到词语的释义都不无章法可循;在辨别词义,处理同音字、近义词,标注异读和方音等方面,也颇为尽力。就笔者所见,《官话词汇》可以说是十七世纪末叶西洋汉语词典的典范,称得上欧洲人所编汉语学习词典的上乘之作,下一个世纪也罕有能出其右者。唯独其上的汉语词,不写汉字而代以注音,令后来的研究者大感不便。

早期传教士从事汉语著述,无论编写词典还是撰著语法,只写注音都是习以为常的做法。原因有多方面:一是无论走到哪里,面对的是拥有发达文字的文明国度还是一向没有文字的蛮荒部族，传教士向有将对象语言转写为西文字母的传统；二是出于日常交际和布道宣讲的双重需要，他们在教学上通常奉行口语优先的原则；三是汉字终究不容易写，单个的字符容易描画，一部词典上千字符，要想悉数写出，不仅能供人认读，还要确保无误，难度就很大；四是排印技术，铸字和刻版一时难以解决，更何况中西文字同时出现于纸面，右向与左向、横排与直排的取舍或兼容也非易事。

笔者在此从事的研究，分为译述、还原、考释三项。译述，即把《葡汉词典》的葡语词目、《汉法词典》的法语词句、《官话词汇》的西语词目译为中文，以见不同欧语背景的编著者如何理解汉语字词。还原，即读出《汉法词典》和《官话词汇》上的注音形式，逐条恢复为汉字；包括《葡汉词典》上的有些注音，原未写出汉字，也须还其真貌。考释，一方面针对《葡汉词典》上出现的汉字，分析其构造和写法，辨别正字、俗字、讹字，考察明末时期民间俗写的由来和演变；另一方面，针对三部词典上模糊不清的注音，意思含混的欧汉词语，加注说明并探讨各种可能的理解。这三项工作都不时遇到疑难，有些地方虽经反复琢磨，仍未能获得合理的解答，就暂且搁置起来，留待日后再考。

三种词汇书的整理工作，起步于十余年前。2011年，拙稿"西方汉语研究史：近代西方汉语研究方法及观念之嬗变"获批立项，首先要做的便是研读原始文献。先攻《葡汉词典》，继而读《汉法词典》，最后是《官话词汇》，与本书中呈现的排序相同。从研读到解读，逐条斟酌而至全体化出，实为必然的进展，只是打磨颇费时日。其间陆续撰得《明末〈葡汉词典〉的汉字》《〈葡汉词典〉译释体例考》《从晚明〈葡汉词典〉看中西词汇的接触》《〈汉法词典〉（1670）考释》等文，发表于《中国语文》《当代语言学》《当代外语研究》《语言科学》等刊，所论多已汇入本篇考述，在此谨向刊发拙文的各家杂志鸣谢。

为揭明欧语词目的形式特征，显示其与汉语字、词、句的相应关联，本书为《葡汉词典》和《官话词汇》上的原语词目添加了语法标记。语法标记的作用，一在辨别诸大词类，以及同一大类下的小类，如动词类，分为及物、不及物、反身等；二在说明词目的构造，是词、短语还是句子。一个词条里面，包含的词目若不止一个，且语法形式有所不同，则分别予以标注。至于《汉法词典》，是用汉语字词建立词目，此时语法标记针对的是法文对译或释义。即，无论词典原著采用怎样的路径，从欧语到汉语还是反向而行，所做的语法标记都是从欧语的形式特征着眼，并不考虑汉语字词的语法性质。不过，在处理欧语的词目和释义时，笔者会尽量采用词性对应或贴近的汉语表达。实际上，当年西士编写汉语词典，有意无意间也会这样做，比如用名词对译名词，动词对译动词，形容词对译形容词；表示程度、因果、转折等义的副词，汉语和欧语之间也常能对应。汉欧词性的这类对应，本来就不是由语法形式决定的，而是语义概念的共通性所使然的。下列标记通用于三部词典：

a. 形容词　　　　　　ap. 形容词短语
ad. 副词　　　　　　 adp. 副词短语
art. 冠词
aux. 助动词
cl. 子句（分句）
conj. 连接词　　　　　cp. 连词短语
int. 感叹词
n. 名词　　　　　　　np. 名词短语
num. 数词
prep. 介词　　　　　　pp. 介词短语
pron. 代词
s. 句子（完整句）
v. 动词　　　　　　　vp. 动词短语
vi. 不及物动词　　　　vt. 及物动词
vr. 反身动词　　　　　vd. 异相动词[①]

此外，《官话词汇》上原有一些频繁出现的缩略符号，译释的过程中也都随文保留：

cett[is]. 等等，依此类推
ett[a]. 等等
e ɔ[a]. 反之亦然（词序可以颠倒，表达的意思相同）

---

① 拉丁语动词变位形式之一，仅irascor（愤怒）一例，见《葡汉词典》。

v^e. 参见

v. g^a. 例如

v. m. 阁下，您

为尽可能地呈现原著的实貌，本书维持了三部词典各自的格局、条目的样式及其排列的次序。原语词汇的古旧形式也一并保留，针对一部分有代表性的异形加注说明，给出今天的拼法。注音也一律保持原稿所见的拼写形式，如《官话词汇》上的调符，往往飘移不定，本书便从其自由，不求代为统一。原稿上经常出现误写、讹脱、圈涂、补笔等，有些地方由于墨迹洇漫而难以辨识，或因为词语生僻而无从查知。凡此笔者只能凭一己之识勉力诠释，所得未必是唯一之解，欲深究者不妨核对原文，求诸确证。

最后是汉字，从繁体还是取简写，一度让人踟蹰。《葡汉词典》本就写有汉字，无论正体或俗体，异写或白字，理应一仍其形，以见当时民间使用汉字的实况。《汉法词典》和《官话词汇》则有些麻烦，因为其上并不出现汉字，需要依据注音还原。或云繁体字更忠实于时代，但在考察过《葡汉词典》上出现的汉字之后，笔者感到在简繁之间往往难以抉择。我们无法料到书写者的笔端会出现怎样的字形，是正字、俗字还是讹字、白字。在原无汉字的情况下，借注音所还原的其实不是文字学意义上的字，而是语言学意义上的单字，在绝大多数场合也即单音节词。所以，为避免混淆，决定舍繁就简，只在字体上加以区分，凡还原之字均采用楷体。

关于三部西洋汉语词典的由来、形制、布局、内容等，下面分别述之。

一 《葡汉词典》（1580s）

《葡汉词典》所具的历史语料价值以及语言学史的研究价值，大抵体现在六个方面：

其一，载有中古以后至近代初始的葡语词汇，以及一小批用于释义的拉丁语词；

其二，录有晚明时期的南北官话词汇，夹杂着不少闽粤方言词语，官话音和方音在注音中都留有痕迹；

其三，隐有一系列对译和诠释的体例，体现了早期中西语言对比的尝试；

其四，写有大量俗体汉字，借之可以窥见唐宋以降汉字形体的流变；

其五，采用的拉丁注音尚属草创，不区分送气与否，对声调也不予标记，但有若干多音字，使用了中国传统的圈声音法，处理颇为细腻。

其六，若从语义内容着手，对本词典所收录的葡汉词汇做一整理，可得一幅十六、十七世纪之交中西语言接触和社会文化会合的图景，宗教、航海、军事、律法、生产、商贸、饮食等诸多方面，都将逐一呈现，不无相映衬照之趣。

1.1 编撰背景和著者问题

十六世纪中叶，由西欧通往东亚的海路得以开通，陆续有欧洲人穿经南洋，航抵粤闽。经过百余年的努力，至十七世纪后期，西教传布者的足迹已深达中国内陆多省。其间传教士为学中文，编写了多种汉语词汇手册。这些手册大都零碎散漫，且多数已经湮灭，保存完好的不过几种，其中最早的一部很有可能是《葡汉词典》（*Dicionário Português-Chinês*）。

《葡汉词典》是一部手写稿，今藏罗马耶稣会档案馆，编号为Jap Sin I, 198。这是唯一的原稿，未见任何抄本。1934年，意大利汉学家德礼贤（Pasquale M. d'Elia 1890—1963）在该馆工作时偶遇该手稿，随即认定其为世界上第一部欧汉词典,出自本国的两位耶稣会士,即罗明坚(Michele Ruggieri 1543—1607)和利玛窦(Matteo Ricci 1552—1610),编写的时间为1583—1588年。学界得以了解《葡汉词典》的学术价值,一睹稿本的面目,则要感谢华裔学者杨福绵(Paul Fu-mien Yang 1925—1995)与美国汉学家魏若望(John W. Witek 1933—2010)。杨福绵最先从语言学角度入手,探讨《葡汉词典》所用的注音系统、所收汉语词汇的地域特征等;魏若望将《葡汉词典》手稿加以整理并撰序,于21世纪初影印出版①,附有杨福绵1989年的长文《罗明坚和利玛窦的〈葡汉辞典〉》(含中、英、葡三种文本)。

由于既未署名,又无序跋之类,著者是谁的问题始终难以定论。杨福绵、魏若望仍维持德礼贤之说,相信罗明坚和利玛窦是《葡汉词典》的实际著者。十几年前,始有学者提出质疑,揣测编撰者另有其人,可能是葡萄牙行商或航海家。②旧说的一大疑点在于,罗明坚和利玛窦都是意大利人,平时更习惯用母语写作;若不用意大利文,他们最有可能使用的应该是拉丁文,这才是传教士们都通晓的学术语言。然而这本词典设立词目,用的却是葡萄牙文,这在逻辑上说不通。不过,欲求在教士圈内通行,用拉丁语足矣,而如果想让词典发挥更大的功效,对远航赴华的一般欧洲人都有用处,则葡萄牙语也不失为一种选择。那时葡语是一种区域通用语,在海上和商贸口岸比其他欧洲语言更为通行。明末最先航行至南洋,与闽粤人通商,并在中国沿海建立定居点的正是葡萄牙人。即便不是葡人,如西班牙教士沙勿略(St. Francis Xavier 1506—1552),也是随葡国使臣东来。同样,罗明坚、利玛窦也都是从里斯本出发,搭乘葡国商船前来中国,以澳门为踏板进入肇庆。

另一疑点是,假如著者是传教士,何以宗教、哲理方面的词汇比较少,而航海、经商方面的词汇却相当多?③此外,粗俗的词语如 caguar(*ta pien* 大便)④、pejdar(*fan pi* 放屁)、putaria(*piau yen* 嫖

---

① Witek(2001)。
② 康华伦(2011)。
③ 康华伦(2011:160–163)。
④ 文中引用例证,凡原稿所见的汉字均用楷体,繁体字也悉从原写,以别于葡语词目的汉译;其注音则排为斜体,以别于葡文和拉丁文。

院）等出现得偏多，相反，却看不到希腊、拉丁语源的文雅词语，这类词汇本应是传教士们熟晓并喜用的。关于所收葡语词目以及汉语对应词的词汇特征，后面我们将专门讨论，这里只先略提一下：通览全篇，宗教词汇其实非常多，只是在今人看来漏收了某些重要的词语，如Jesus（耶稣）、Maria（玛利亚）、Evangelho（福音）；航海用语较多，是那一时代欧亚航路初通、海上往来日渐频仍的必然结果；商贸词语有不少，但涉及刑律、武备、骑射、农牧、疾患等各方面的词语也同样多。至于粗俗词语，应该说是日常生活词汇的一部分，收或不收恐不足以证明编著者的社会层次和受教育程度。最后，古典语源的词目虽然稀少，但在对一些词目的扩展说明中却经常使用拉丁文，说明著者有一定的学问背景。

在此，我们探讨的重点是文本本身，无须过多驻足于著者问题。根据目前掌握的材料，不妨假定：《葡汉词典》的原编者有可能是葡萄牙俗人，后来手稿为传教士获得，或者由传教士转抄，于是增加了一批宗教词汇，并且对一些葡语词目作了补释，使用了一些拉丁词语。而最后传承其稿的应该是罗明坚和利玛窦，这也就解释了为什么书稿的头几页会多出一栏意大利文的对应词。

1.2　词典文本的结构和布局

《葡汉词典》用中国纸双面书写，正文用纸计124张。手稿原无页码，今见于纸页右下角的页码为图书档案管理员加标。因为前面还有一些与词典关系不大的纸页，与正文合订为一册，故A字头始于第32页，Z字头止于第156页。页码只标于每张纸页的正面（间有若干空白页，也连续计数），反面并不标示，因此实际页数比纸张的数目多出一倍。以下行文中，在有必要注明页码时，凡取自每页正面者注为某页a，取自反面者注为某页b。

页面分为三栏，左栏写葡语词目，偶或夹有拉丁语词；右栏用汉字写释义；中间的一栏，用拉丁字母写注音。起头的几页（32a—34a的前三行），在第三栏的右侧还添写有意大利文的对应表达。词典正文之后，有十余张纸的补遗，编为158—169页。补遗每页只见两栏，未写注音。左栏仍按音序排列葡语词目，至字头M止；右栏书写汉语对应词，格式与正文不同。正文右栏的汉语词，想必是为了顺应西方人的读写习惯，采取从左到右的书写方式，这在当时中国人的笔下是少见的。到了补遗，却把纸页横转过来，按中国传统方式从右往左、自上而下书写中文。虽然中西文格式迥异，汉语释义与葡语词目仍能逐条对应。

　　葡语词目按字母顺序排列，但因为是手写稿，时有不符于此的情况发生。每一词目的首字母均大写，各个字头均另起页。有的单词条目，如ACABAR（结束），整个词都大写，盖以ac-开首，区别于其上以ab-起首的词目。据魏若望分析，从字头D到Z的词目是罗明坚的笔迹，而之前的部分为谁所书，尚难断定。[①] 至于众多词目本身，有可能如过去的研究家推测，摘抄自某一部现成的葡语词典，经常随手删改和补充。由于拼错的葡语词或笔误非常多，同一词而拼法有异也颇常见，给人的印象是著者文字水平低下，或可能不是母语者。

　　葡语词目约六千，所收以单词为主，不烦举例。有时，两个单词并列，后一词经常起限定、说明前一词的作用。例如：

　　　　Abrauiar – minuir（减轻 – 缓和）　　　*chie' sie*[②]　　减些（33a）[③]
　　　　Fundamento, aliçeçes（基础，地基）　　*cia' chio*　　　墙脚（104a）

这种编列的方式与对应的汉语词不无关系，其特点留待下文讨论。列为词目的词组也不少，其中多数是固定或常见的搭配：

　　　　Abrir a boca（张开嘴）　　　　*cai cheu*　　　　開口（33b）
　　　　De maa mente（不情愿）　　　*mo nai ho*　　　没柰何（75a）

　　上列四条的注音与汉字俱全，并且一一对应。但不是所有的词条都如此齐整。有一批条目只见葡文，中栏、右栏尚空缺。据统计，在约六千个葡语词目中，有汉语对应词的为5461个。[④] 还有一些条目，已写有汉字，独缺注音；或者相反，有注音而无汉字：

---

① Witek（2001：87）。
② 注音者为图快捷，常省去鼻音 n、ng，代之以字母右上角或直或曲的一画。笔者将其转换为印刷符号"'"，只能求诸近似。
③ 第一章例词、例句引用的页码均来自《葡汉词典》影本。
④ Witek（2001：110）。

Chama（火焰）		火焰（65b）
Chaue（钥匙）		鎖匙（65b）
Enobreçer（使人高贵、使成		pau quei（91b）
为人杰）		
Gemer（哀叹、呻吟）	hen	（106a）

根据注音和葡文词义，可知后两例所缺的汉字为"宝贵""哼"。

以上诸例显示的葡汉对应，属于以一配一的简单关系。复杂的情况是，一个葡语词目对应于两个或更多的汉语词，这时，先写的汉语词一般会有注音，后写的汉语词则有时有，有时没有；不同的词语之间，以及各自的注音之间，经常用短横或逗号隔开，或以空格分断：

Cousa（事物、东西、事情）	si – tu' si	事　東西（63a）
Mereçer（应得、值得）	cai te – po cai te, po ca'	該得 - 不該得 - 不敢（119a）
Diminuir（减少）	chia' sciau sie	減少些　略減些（83b）
Enfermar（使患病、致病；	pin	病　不自在（90b）
生病）		

这里说的先写、后写，指的是实际发生的书写次序，而不是稿面所呈现的词语排列顺序。例如下面两条，"動問""静 - 善"有注音，其余各词为后笔补写，没有注音；后写的汉语词通常接在原词之后，但有时也会插在原词之前：

Enformarse（询问）	tum ven	啟問　敢問　動問 借問（90b）
Quieto（平静的、安宁的）	çin – scien	寧　静 - 善（136a）

添补的汉语词，多数也为中士所写，但有时墨色不一，甚至笔迹有别。由此可推测，通篇的汉语词并非一次写成，而至少是分两次书写的结果。第一遍书写的汉语词，基本出自同一位中士。此人想必通晓葡语，也许是传教士聘请的汉语教师，承担了葡文词目的汉译。但在写第二遍时，可能有另一位中士参与。添写的汉字当中，有一小部分笔法稚拙、构造失衡，如以下四条，画有曲线的汉语词明显为西士

所书，具体是谁无从得知①：

Brinco（娱乐、游戏）	*scia tu' si*	耍東西　p.清景（53b）②
Caminho（道路）	*lu*	路　p.天街（56a）
Bater a porta（敲门）	*cau mue'*	敲門　p.敲斷玉釵士扣柴扉（51a）
Porta（门）	*mue'*	門　p.柴扉　户扃（132b）

　　无论出自中士还是西士的汉字，都从左往右书写，这种格式罕见于中国古代文字作品，应该是顺应西文书写习惯的结果。从文字学和文字史的角度观察，《葡汉词典》上出现的汉字具有哪些特征呢？这一话题容后讨论。从上引四条可知，由西士添写的汉语词多属雅言。这或许意味着，此人已非初习汉语，而是有了一定积累，上升到了阅读诗文的阶段。来华西士学中文，必定先学口语，然后学书面语。正是出于渐进学习的考虑，《葡汉词典》上才会有这样的安排：如果对应于葡语词目的汉语词不止一个，则通常先给出口语词，再提供同义的书面语词。③例如：

Algum（某个、某人）	*scin mo gin*	甚麽人　誰人（39b）
Amanheçer（天亮；黎明）	*tie' zai lia'*	天才亮　天方曉（41a）
Bocal（愚蠢的；奴隶）	*ci zi*	痴子　呆人　蠢材　傖人（52b）
Quando（什么时候、何时）	*chi sci*	幾時　何時　甚日　那一時（135b）

---

① 魏若望在《序言》中说，迄今尚未发现罗明坚和利玛窦"手书汉字的实例"（Witek 2001：88）。
② "p."，又及（拉丁文 post scriptum）。
③ 杨福绵的说法是："每个葡语辞条可以有一个以上的汉语对应辞条，其中的第一个是口语辞汇，接下来是一或几个口语/文言文的同义辞。"（Witek 2001：109）

或者，先给出官话词，再列出同义的方言词：

Aranha（蜘蛛）	*ci ciu – pa chio*	蜘蛛 - 八脚（44b）
Criado que serue（男仆）	*chia gin*	家人　仔（64a）
Sentir（感觉、体会）	*ci tau*	知道　晓得（144a）
Ter rispeito（尊敬、敬重）	*chin ta*	敬他　羡伊（148b）

口语第一、官话优先，这是一条默认的规则，大多数汉语对应词的排列与此相合。但毕竟词条众多，且为手写，很难做到通篇一致。下面几例就与此不合：

Escureçer（变黑暗、入夜；使黑暗）	*tien cia' ngon*	天将暗　天要黑了（95b）
Jantar（晚餐、正餐；吃晚饭）	*cium fa' – u fa'*	中饭 - 午饭（108a）
Moca que sirue（服侍人的女孩、女仆）	*gua zai – ya teu*	伢宰 - 丫头（119b）
Sol（太阳）	*ge teu*	日头　太阳（145b）

1.3　葡语词目的选收

《葡汉词典》开首的第一条不是词，而是短语：
Aba de uestidura（衣襟、下摆）　*chiu' zi*　裙子
这样的起头有些奇怪。按照西文词典取词、立条、排序的惯常做法，我们会期待最先出现阴性定冠词及介词a（在），起码也应该是名词aba（衣襟、边缘）。看来，葡语词目的设立不是照单抄录某一部原语词典上的条目，而是对条目有所选择。

关于哪些词目该设立，哪些不如弃置，编写者想来揣有一定的意向，或者潜意识中存在某种取向。比如，似乎更偏重实义词，有意不把冠词、介词之类小词单独列为词目。于是，a没有立条，介词com（与……一起）也不见立条，可是有词条"Comigo（和我、与我）*tu' ngo* 同我 共我""Contigo（和你、跟你一起）*tu' ni* 同你 共尔"。在词典的正文中，甚至没有出现人称代词的词目。这当然属于疏漏，编写者

发觉后，在补遗中加列了"Eu（我）我""Ele（他）他"①"Ele mesmo（他自己）自家""Eles（他们）他們"等条。

有研究者认为，葡语词目"并不是从一本葡语辞典中漫无目的地抄录下来的，而是在考虑到汉语的通用性的情况下，精心选出来的"。② 这样说不无道理，因为有些条目确实如此，例如：

Falla mandarin（官府的语言）	*cuo' cua – cin yin*	官話 - 正音（99b）
Misura fazer（行礼）	*schin li*	行禮 施礼（119a）
Merenda ou almorso（点心或午餐）	*tien sin*	點心（119a）

第一、第二条是专门为汉语设立的。第三条根据汉语的"点心"一词，对原写的葡文词目Merenda（[午后]点心）作了修正：南方话里，"点心"又指午餐，因此补写了ou almorso（或午餐），为另一西士的笔迹。但我们再来看两条，显示的却是一种着眼于葡语的编排法：

| Cozinheiro（男厨师） | *ciu zi* | 厨子（63a） |
| Cozinheira（女厨师） | *ciu fa' po* | 煑飯婆（63a） |

古时"厨子"是一门行当，"煮饭婆"则不是，与"女厨师"并不对应。今粤语仍称家庭主妇为"煮饭婆"，可比较另外两条：

| Dona de casa, molher（家庭主妇，妇人） | *guo ciu po* | 屋主婆（84b） |
| Matrona（主妇） | *cuo' chia po* | 管家婆（118a） |

如果顾及汉语，把"煮饭婆"一词写入这两条即可，没有必要单独列出词目Cozinheira（女厨师）。正因为从葡语自身的立场出发设立词目，其中有不少表达的是欧洲语言文化独有的概念，才经常令中士为难，有时译得勉强：

---

① 但有指示代词 Aquele（那个、那人），也译作"*ta* 他"（44b）。

② Witek（2001：108–109）。

Serea（美人鱼）	*fu gin yu*	婦人魚（144a）
Grifo, hypergrifo（狮身鹰头兽，半鹰半马的怪兽）	*fi ma*	飛馬（107b）
Negro cattiuo, negra（俘获的黑奴，女黑奴）	*nu pi, nu zai*	奴婢　奴豺（122b）
Freyra（修女）	*ni cu*	尼姑（104b）
Tabellião（公证人）	*sciu chi*	書記（147a）①
Trouador（行吟诗人）	*sci um*	詩翁　家（152a）
Prosa（散文）	*po sci sci*	不是詩　賦　詞　歌　文　讚（134b）

这些显然是某一本葡语词典上原有的词目，为《葡汉词典》的编写者照单抄录。最后一个词目prosa，其汉语释义是分两步完成的：先写了"不是詩"，能断定是中士的笔迹；后五字则为另手补加，其中最能与prosa对等的大概是"文"。

1.4　葡语词目的扩展释义

从汉语的角度出发，一面编排词条一面补充词义，这样的例子很多，尤其见于词目的扩展释义。《葡汉词典》上的许多词目，后面跟有扩展语。扩展语有时是一个近义词，有时是一个词组，其作用都在于解释词目，明了意义。扩展语的词性一般与词目相同，如下列五条：

Alarguar – afroxar（vt.宽解 – 放松）	*fa' cuoa'*	放寬（38b）
Ferias, vacantio（n. 假期，休假）	*fan schio*	放學（102a）
Adosar（vt. 放糖） – fazer dous（vp. 使变甜）	*zo ca'*	做甜（35b）

---

① Escritura（文书、契约）、Lembrança（记录）两条也译为"書記"。

Forão（n. 灯塔），vigia de lanterna（np. 设有灯火的瞭望塔）　　　　　cau ciau　　　高照（103b）

Afouto – audax（a.勇敢的 – 无畏的）　　　　　tan ta – po pa　　　膽大 - 不怕（36b）

扩展语还可以是一个类似小句的短语，由名词加上关系词 que（=who）、onde（=where）等引出：

Mestre que ensina cantar（教唱歌的老师）　　　　　schi ssi　　　戯師（119a）

Sineiro que tange sinos（敲钟的人）　　　　　ta ciu' ti　　　打鐘的（144b）

Lauatorio（澡堂），lugar onde se lauar（洗浴的场所）　　　　　tan si　　　湯子（111a）

扩展语的另一作用，在于限定词目所指的范围，辨别不同的义项。葡语词目由此得到调整，在语义上与汉译更为一致：

Canto（①角、端 ②歌曲、歌声）– angulos（角、角度）　　　　　co teu　　　角頭（56b）

Deçida – ladeira（斜坡、下降 – 山坡）　　　　　schia lin　　　下嶺（73b）

由于 canto 是同形异义词，只有一半的词义与"角头"对应，以 angulos（尤指数学意义的角、角度）一词来界定所指就很必要。同样，通过同义词 ladeira，词目 deçida 与汉语对应词的联系便能更加紧密。下面两条中的主词目 cozer 也是多义词，既指缝纫，又指烧煮，于是使用扩展语，以判别词义：

Cozer（缝、缀）– d'alfaiate（指裁缝）　　　　　fun　　　縫（62b）

Cozer o cozinhar（做饭或烹调）　　　　　ciu　　　羮（63a）

根据现代葡语的正字法，缝纫一义拼作coser，这样就不再是多义词，而完全是另外一个动词了。

"搬空"，指搬走东西、腾出屋子；"倒空"，指倒尽液体、出空容器。汉语的说法不同，葡语动词却是同一个，也是通过添加短语，把意思分别开来：

Despejar（搬走、腾空）	po' cum	搬空（81a）
cousa de vaso（指坛、罐等容器）	tau cum	倒空 傾盡（81a）

由介词de（相当于英语of/from/with）导出的构式，经常充当扩展语，以区分一个葡语词的各种搭配，使之更准确地对应于不同的汉语表达。如动词emprenhar（88b），现在一般指人怀孕，但从本词典的解析来看，在中古葡语里它的适用范围更广：

Emprenhar（受孕、受精）	yeu yin	懷孕 有孕 有姙
de home（指人）		姙娠
de quadrupede（指四足动物）	yeu toi	有胎
de alias（指其他生物种类）	yeu zi	有子

最后一行说的其他生物种类，包括禽鸟、虫鱼等（子=蛋、卵），以及植物（子=籽）。

再看动词mandar（116b），义项颇多，可表示命令、指使、委托、派遣、寄送等，于是分立为三条：

Mandar em testamento（遗赠）	sce ssi	捨施 寫囑付
Mandar, mitto（送递，寄发）	chi	寄
Mandar, impero（命令，吩咐）	chiau	教
de mandarim（官府的）	zai	差
de Rei（皇帝的）	cie	敕

为限定词义，第一条用的是介词短语em testamento（em = 英语 in）；第二条用的是拉丁语动词mitto（寄、送、发信）；第三条先用拉丁语动词impero（吩咐、命令、指挥），与表示指使一义的"教"对应，再分别使用两个介词短语，以求与另外两个同义的汉语词呼应：官员下令，称"差"；皇帝颁令，称"敕"。在这本词典上，拉丁语词计有八十余例，一般不直接作词目，只用于扩展释义。

动词短语Fazer a saber（使人知道）当词目，译为汉语也用的动词短语，以扩展释义区分动作所及对象的社会地位（101a）：

Fazer a saber（使人知道）
  a maior（对地位高者） *pau ccij* 报知
  a minor（对地位低者） *chiau cci tau* 教知道

像这一类包含扩展语的词条，已经触及外国人学说中国话的难点，把语用规约收进了词典释义。

1.5　暗藏的译释体例

上文谈到，一个葡语词目若对应于多个汉语词，通常口语词、官话词在先，文语词、方言词居后。这是一条涉及汉语语用和修辞的明例，我们不必解读葡文，只需看对译的中文，略为浏览一些条目便能察觉。但《葡汉词典》上还有一些暗例，关系到语法层面的内容，需要把握葡语词目的意义和词性，与汉译作对比之后才能揭示。在分析这类暗藏的译释体例时，要用到语法学和词典学上通行的一些标记，以明示葡语词目的语法性质：n.=名词；np.=名词短语；a.=形容词；vt.=及物动词；vi.=不及物动词；vr.=反身动词；vp.=动词短语。

《葡汉词典》是一部双语辞书，以葡语为对象语，汉语为目标语。虽然古今历史条件大有区别，语言知识显著增长，编纂目的、操作程序等也都有别，编写双语辞书者要完成的语言学任务却是一样的，即要在对象语的词目与目标语的译词之间建立匹配关系。在寻求匹配时，编写者主要依据语义，但也会顾及语法。经过数百年的中西语言交往和语言学知识的渗透，今天我们的语法概念与西方的语法概念已很接近，比如论及词类，我们会说汉语有名词、动词、形容词、数词、代词等等。然而，几个世纪前，中国人还没有这套概念术语，更不必说及物、使役、被动之类。如果说,《葡汉词典》的编写者在为葡语词目选定汉语对应词时除了着眼于语义一致,还会考虑使词性尽量贴近,那么这样的考虑体现在哪些方面呢?

首先,大体说来,葡语词目所具的词性与汉译词语的词性是相呼应的:遇到葡语的名词、动词、形容词、代词、数词等,多半能以汉语的名词、动词、形容词、代词、数词等分别对译。不论是有意识地追求的结果,还是潜意识的倾向所使然,这样的呼应都让人联想到欧洲传统语法或逻辑语法对词类的划分及定义:名词表示物象,动词表示动作,形容词表示性质,数词表示数量,代词代替名词,分指"我、你、他"等等。

不过,葡语的单词不仅在使用中发生形态变化,而且在孤立独现、立为词目时一般也都带有区别性的标志(如-se是反身动词的后缀,-ado为过去分词兼形容词的词尾),因此词类容易划定,而汉语的字词并不具备这类形式上的东西,于是兼类现象格外突出。下面四个葡语词目紧排于一处(62b),词根虽同而词形不一,对应的汉语词却是一样的:

Corronper(vt. 腐蚀、使腐烂) *lan* 爛
Corronpedor(a. 腐烂的)
Coruta cousa(np. 腐烂物) *lan* 爛
Corução(n. 腐败、变质)

其中有两条未写汉字及注音,也许是因为中国译者图快,有所省略,觉得用一个"烂"字就可以涵盖四条葡语。可是翻至另一处,有一个同义词,相关的三个词目也紧排在一起(43b),处理的手法就完全不同:

Apodreçer(vi. 腐烂) *yau la'* 要爛
Apodrentar(vt. 使腐烂) *ta lan* 打爛
Apodrentada cousa(np. 腐烂物) *lan* 爛

这样的译释明显有其用意,试图分别构造汉语词组,以便体现葡

语词目的语法特征。但我们需要发现更多类似的译法，才能证明这样的处理并非偶一为之。下面试从数千条汉译词语中归纳出若干构式，据之可以窥见葡语词目的语法特征。

1.5.1 "动词+他"表示及物

这种构式用得颇多。许多汉语动词可及物可不及物，后面加上"他"，等于锁定直接宾语，以对应于葡语的及物动词：

Afromtar（vt. 羞辱、侮辱）	*siu gio ta*	羞辱他　恥他（37a）
Amedruntar（vt. 吓唬）	*chin tu' ta*	驚動他（41b）
Apoupar（vt. 嘲笑、挖苦）	*siau ta*	笑他（44a）
Bulrar（vt. 欺骗）	*pien ta*	騙他（54a）
Culpar（vt. 归罪于）	*loi ta*	賴他（63a）

这一用法的"他"相当于不定指的"人"："笑他""骗他"，即"笑人""骗人"。有时，跟在可带双宾语的动词后面，"他"表示与格意义，如"税"指租人家的东西①，"税他"则指将东西租给人家：

Aluguar – tomar（vt. 租赁 – 租用）	税（41a）
Aluguar（vt.出租）– dar lo aluguer（vp.租给某人）	税他（41a）
Arendar（vt. 租用）	税（45b）
Arendar（vt. 出租、租给）– dar padrão（vp. 许给契约）	税他　賃他　租他（45b）

《官话词汇》上，这种构式也频频出现，如"罚他""怪他""奉承他""鼓舞他"。

1.5.2 "教/叫/弄（+他）+动词"表示使役

表示指使的"教""叫""弄"构成连动式，对应于葡语的及物

---

① "税"犹"租"，既可表示向人租用，也可表示出租给人。见周长楫（2006：169）。

动词或其短语，多有使役之义：

Abituar（vt. 使人习惯于）	chiau cuo'	教慣（32b）
Apresar（vt. 催促）	chiau ta quai	教他快（44a）
Encaregar（vt. 委托）	chiau ta cuo'	叫他管　听伊理（89a）
Adormentar aoutro（vp. 使某人入睡）	luo' ta sciuj	弄他睡（35b）
Ensanhar a outre（vp. 使人发怒）	lun ta fa sin	弄他發性　激發他怒（91b）

试比较同根的葡语反身动词，表示自己习惯于、动作快、睡觉、发怒，汉译明显不同：

Abituarse（vr. 习惯于）	yau cuo'	要慣（32b）
Apresarse（vr. 加快）	quai	快（44a）
Adormesese（vr. 睡觉）	sciuj	睡（35b）
Ensanharse（vr. 发怒）	fa sin	發性　激怒（91b）

1.5.3 "将/要+形容词/动词"表示自动

用"将"表示自动或不及物，兼有接近、迫临之义：

Empobreçer（vt. 使贫穷 vi. 变穷）	çia' chium	将穷（88a）
Endureçerse（vr. 硬起来）	çia' nghen	将硬（90a）
Perigar（vi. 身临险境）	çia' quaj, guei schie'	将壞-危險（129b）
Escureçer（vi. 变黑暗、入夜 vt. 使黑暗）	tien cia' ngon	天将暗　天要黑了（95b）

"将"与"要"可替换，或者连用：

| Abituarse（vr.习惯于） | yau cuo' | 要慣（32b） |
| Anoteçer（vi.天黑、入夜） | yau ye | 要夜　将暮（42b） |

Estar pera cair（vp.欲坠、将倒，=英语be about to fall）	*yau tau*	要倒（97b）
Sarar（vi.痊愈）	*çia' yau hau*	將要好（106b）

1.5.4 "做+形容词"表示使成

有些葡语动词含有导致某种结果的意思，现代语法学称之为使成（factitive）。汉译以构式"做+形容词"对应于葡语的使成动词或使成式：

Encurtar（vt. 弄短、改短、减少）	*zu ton sie*	做短些（89b）
Enderzitar（vt. 弄直）	*zu cie*	做直（89b）
Endureçer（vt. 使变硬）	*zu nghen*	做硬（90a）
Molle fazer（vp. 弄软，=英语 make soft）	*zo giuon sie*	做軟些（120a）
Engrossar（vt. 增大、使粗壮 vi. 变大、变粗）		
cousa molle（软的东西）	*zo zu*	做麄 - 做大（91a）
cousa dura（硬的东西）	*zo ta*	

"打""弄"也表示使成，后面也跟形容词，多指导致不如意的结果：

Desaparelhar（vt. 弄乱、毁坏、拆除）	*ta lon*	打乱（77b）
Molhar（vt. 弄湿）	*ta scie*	打湿　淋潤（120a）
Souerter（vt. 颠覆、破坏）	*ta quai*	打壞　損壞（146a）
Deitar a perder（vp. 致使损坏）	*lun quai– qui quai*	弄壞（75a）
Desconcertar（vt. 弄乱、破坏 vi. 不和）	*lun lon*	弄乱（78b）

"弄"表示使役的用法不同于此,见1.5.2节。

1.5.5 "被/遭+动词"表示被动

这种构式所对应的不是葡语动词的被动式,而是具有被动之义的各类词,特别是由过去分词转化来的形容词,而这一类形容词又经常可以兼当名词:

  Agrauarse（vr. 受欺负） *pi ta chi fu* 被他欺負　遭他淩辱（37b）

  Abatido（a. 被凌辱的） *pi yen* 被壓（32b）

  Asetado（a. 被射中的）   被射（46b）

  Suggeto（a. 受辖制的、顺从的） *pi cuon* 被管　服降　投降　尊服（145b）

  Catiuo（a. 被俘的 n. 俘虏） *pi leu* 被擄　被掠（58a）

  Culpado（a. 有罪的 n. 罪犯、肇事人） *pi* 被誣賴（63a）

  Açotada cousa（np. 受鞭、鞭刑） *pi ta* 被打　遭責（35a）

1.5.6 "动词+了"表示行为的完成、结果

表示动作完成的"了",如今视为动词体的标记,对应于构自过去分词的葡语形容词:

  Desdobrado（a. 打开的、散开的） *ta san liau* 打散了　釋散了（79a）

  Desembuçado（a. 被揭开的） *cie cai liau* 扯開了（79a）

  Despouvado（a. 迁出的、荒芜的） *pon chiu liau* 搬去了（81b）

  Emendado（a. 已改进的） *coi cuo liau* 改過了（87b）

相应的葡语动词如下,译法有别:

  Desdobrar（vt. 打开、散开） *ta san–ta cai* 打散 - 打開（79a）

Desembuçar（vt. 揭除面纱等、使显露）　　ce cai–po cai　　扯開 - 不開（79a）
Despouoar（vt. 迁出、腾空）　　pon chiu　　搬去（81b）
Emendar（vt. 修改、改善）　　coi　　改（87b）

"动词+了"表示行为的结果，对应于葡语名词或名词性词组。这在语义上说得通，语感上却难以接受，今人不会再这样译：

Despesa（n. 开支、费用）　　yum liau　　用了（81a）
Despojo（n. 抢来的东西）　　cia' cuo liau　　搶貨了（81b）
Enxerto（n. 嫁接）　　cie co liau　　接過了（93b）
Afeada cousa（np. 变丑的东西）　　ceu liau　　醜了（36a）
Atada cousa（np. 捆扎起的东西）　　pan liau　　綁了（47a）

相应的动词是：

Despender（vt. 花费、消耗）　　yum　　用（81a）
Despojar（vt. 劫掠、抢夺）　　cia' cuo　　搶貨（81b）
Enxertar（vt. 嫁接）　　cie sciu　　接樹（93b）
Afear（vt. 丑化）　　zo ceu–zo quai　　做醜 - 做壞（36a）
Atar（vt. 捆、扎、绑）　　pan　　綁（47a）

1.5.7　"常常／常要＋动词"表示倾向

有些葡语形容词表示具有某种习惯性的倾向，汉译便以"常常/常要+动词"的构式来对应：

Maginatiuo（a. 想象力丰富的）　　cia' cia' siao'　　常常想（115b）
Manencorio（a. 易怒的、任性的）　　cia' cia' nau　　常常怒（118b）

Mentiroso（a. 爱说谎的 n. 骗子）	*cia' cia' sciuo qua' ti*	常常説謊的（119b）
Briguoso（a. 好斗的）	*cia' yau sia' ta*	常要相打 相鬨（53b）
Chorão（a. 爱哭的）	*cia' yau ti co*	常要啼哭（66a）
Vingatiuo（a. 报复性的）	*cia' yau pau ye' ti*	常要報寃的（154b）

单独一个"常常"，一般用作副词，将其对译为形容词Perpetuo（经常的、持久的），是从语义着手，并不顾及用法。但把介词短语A cada paço（每每、经常）、De continuo（连续、经常）等也都译为"常常"，这时就还考虑到用法：就功能而言，这类介词短语相当于副词。

1.5.8 "把"与"把"字式

《葡汉词典》上的"把"字式，杨福绵认为是动词短语，并且分使役（causative）、被动（passive）、助动（benefactive）三类，每一类各举三例，配有英译："把他歡喜 *pa ta cuon schi* 'to make him happy'" "把他進来 *pa ta çin lai* 'to make him come in'" "把他憔悴 *pa ta ziau zau* 'to make him careworn'"，为使役式；"把他食 *pa ta cie* 'to give him food to eat, to feed him'" "把他草食 *pa ta zau cie* 'to give him grass to eat'" "説把衆人 *sciuo pa cium gin* 'to make it known to all, to tell everybody'"，为被动词；"把工夫 *pa cum fu* 'to be occupied'" "把辛苦 *pa sin cu* 'to suffer'" "把愁事 *pa zeu ssi* 'to be worried'"，为助动词。①

以上一共九例，笔者从《葡汉词典》上找出了其中的八例，发现有两处异于所引：原写不是"把他歡喜""把他草食"，而是"把歡喜他""把草他食"。假如不属笔误，便是引用者有意做了改动。没有找到的一例是"把他進来"，但是有"不把進来"。此外，与"把辛苦"对应的葡语词目有三条，词义都与英译不符。看来需要重新梳理，从单用的动词"把"谈起。

"把"用作实义动词，一个义项是看守：

---

① Witek（2001：132–133、207–208）。

Porteiro（n. 看门人）　　　　*pa mue' ti*　　　　把門的（132b）

另一个义项很宽泛，等于"给""给予"，是方言词：

Dar（vt. 给予、提供）　　　　*pa*　　　　　　　　把（72a）
Negar（vt./vi. 否认、拒绝），　*po yau*　　　　　　不要把②（122b）
não querer dar（vp. 不愿给）
Dar de comer（vp. 给人吃）　　*pa ta cie*　　　　　把他食（72a）
Paser, pasco（vt. 放牧 vi.　　*cie zau*③ – *pa*　　把草他食（126a）
吃草）　　　　　　　　　　　 *zau ta cie*

"把"又相当于"让"，表示准许之义，可替换为"给"。"不把进来"即"不让/不给某人进来"：

Resistir ao entrar（vp. 制止进　*po pa çin laj*　　不把進來（139b）
入）

但下面一例"把"如今看作介词，"不把当数"即"不把……当回事"：

Desprecado（a. 疏忽大意的）　*po pa ta' su*　　　不把當數　不着意（81b）

跟在动词后面时，"把"也相当于"给"，只是已明显虚化。下面一句汉译，等于"说给大家[听]"：

Manifestar（vt. 表示、公开）*sciuo pa ciu' gin*　説把衆人（116b）

"把辛苦"有三例，其中一处注音有疑，但所对应的都是葡语及物动词，则无疑问：

---

① "把"字漏了注音。
② "吃草"，未写汉字。

AFADiguar（vt. 使人疲累）	*pa sin cu*	把辛苦（36a）
Aterbular（vt. 折磨）	*pa schin cu*	把辛苦（47b）
Cansar a outro（vp. 烦劳他人、使人厌倦）	*pa sin cu*	把辛苦（56b）

所以，如果相信"把辛苦"是对葡文词目的正确理解和翻译，它的意思就不是to suffer，而是to make suffer。这里的"把"相当于"使"，"把辛苦"是使役式，即"使（人）辛苦"。与此相类，"把愁事""把烦恼"也即"使（人）愁事""使（人）烦恼"：

Anojar（vt. 使烦恼）	*pa ceu ssi*	把愁事（42b）
Magoar（vt. 烦人、冒犯）	*pa fa' nau*	把烦恼（115b）
Afreiguir（vt. 使人兴奋、激励）	*pa ta ciau zau*	把他憔憬（37a）

"把烦恼"也好，"使烦恼"也好，都不像是真实言语里能够听到的词，而更像是一种用来诠释及物动词的构式。这种人为的构式尤其常见于现代的外汉双语词典，究其用法的源头，可能就在《葡汉词典》。

有疑问的是"把欢喜他"，其词序是否自然？这一条夹在两个相关的词目之间（39a），不妨一并列出，以资对照：

Alegria（n.快乐、喜事）	*cuon schi*	欢喜
Alegrar a outro（vp.使某人高兴）	*pa cuo' schi ta*	把欢喜他
Alegrarse（vr.高兴、快乐）	*cuon schi*	欢喜

看来，"把欢喜他"也是使役式，至于是否为"把他欢喜"的误写，则可存疑。

最后是"把工夫"，有两例：

Acupar（vt. 操劳）	*pa cu' fu*	把工夫（34a）
Occupar（vt. 占用、耗费）	*pa cu' fu*	把工夫（123b）

葡文看起来像两条，实则是同一词，现代拼作ocupar（可比较词义略同的法语occuper，英语occupy）。"把工夫"似指花时间、费工夫。至少可以断定，它是一种不同于"把辛苦""把烦恼"的构式，因为"工夫"不能充当动词，所对译的葡语词目也是名词：

Occupação（n.事务、工作）	*cum fu*	工夫（123b）
Occupado（a.没闲的、忙碌的）	*yeu ssi con*	有事幹　不得閒（123b）

"把"字作名词（指成捆的东西）和量词的用例，以及借音为"靶"的例子，《葡汉词典》上也有。但这些与"把"字式无关，不必涉及。

1.6 《葡汉词典》上的汉字

《葡汉词典》正文中出现的汉语词，不管是作为葡语词目的对应词，还是用于说明葡语词义，都用楷体书写。大多数字的笔画清晰可辨，大小均匀，构架合理，应是某位中国合作者的手笔。杨福绵在"导论"中断定，这位中国人或者是"语言教师"，或者是"文人学者"。[①] 笔者认为后一身份的可能性很小，因为此人写的俗字过多，而且经常把字写错。至于"语言教师"的角色，大致可以肯定。不过，从流出于其手的大量别字，以及一批随意自造的字来看，这位教师的文字修养实在不高，不像是念过正规学堂、接受过读写训练的儒生。至于正文后尾的"补遗"中出现的汉字，书法堪称娟秀，显然出自另手。

在中国人所写汉字的一侧，时而会出现另一些语义关联的字词，从稚拙的笔法不难看出，这些是某个西士在利用这部词典学语言时补写的汉字。例如这样两例：

---

① Witek（2001：109、183）。

（Brinco *scia tu'si* 耍東西 p. 清景）①

（Porta *mue'* 門 p. 柴扉 户扃）②

以下讨论文字，不包括补遗，也不涉及西士补写的字词。我们不妨就从俗字谈起。从《葡汉词典》上使用的大量俗字，包括简笔、异体、别字、自造字等，有望窥知明末民间使用汉字的情形。再进一步考察近代汉字的流变，上溯至敦煌写本，证之以《干禄字书》《龙龛手镜》《宋元以来俗字谱》等字书，便能确定这些字究竟是个体变异所致，还是属于汉字由古及今演变的过渡形式。

1.6.1 俗字

"俗字"是民间通行、写法固定的字，与旧时官方认可的"正字"相对而言。正字属于规范用字，俗字则被视为异常的写法，不可用于公文、试卷、书籍。所谓"俗字"，是一个宽泛、含混的概念，论家各持定义，圈定的范围有所不同，侧重的方面也不一样。这里为求操作方便，将俗字略分为简笔、异体两类。

1.6.2 俗字的一类：简笔字

《葡汉词典》中的许多俗字，由简笔或省笔而来，相当于如今通行的简化字。大多数简化字并非二十世纪文字改革的产物，而是古已有之的字形，沿用了千百年，早已为大众接受。

只写简字、未见繁体的例子，如"变"字十一例，无一写为"變"；"虫"字八例，"虵"字三例，未见"蟲"；"床"字五例，未见"牀"；"单"字十例，无一写"單"；"担"字三例，不写"擔"；"劳"字三例，无一例"勞"；"楼"字六例，未见"樓"；"芦"字两例，未见"蘆"；"声"字逾廿例，均不写作"聲"；"寿"字三例，无一写为"壽"；"弯"字五例，"湾"字

---

① Brinco，葡语名词，义为"娱乐、游戏"；"清景"，指清新怡人的自然环境，游玩休闲的好去处，语义上与"玩耍"多少有些关联。字母"p."盖为拉丁文 post scriptum（又及）的缩略。

② Porta，葡语名词，义为"门"。

四例，未见"弯""湾"；"萤"字三例，不写"螢"。

更多的简字，是与繁字一并出现，如"爱/愛""办/辦""宝/寶""报/報""边/邊""辞/辭""胆/膽""灯/燈""斗/閗/鬪""独/獨""对/對""丰/豐""国/國""过/過""号/號""还/還""会/會""机/機""将/將""尽/盡""礼/禮""怜/憐""乱/亂""笼/籠""炉/爐""难/難""泼/潑/潑""齐/齊""穷/窮""升/陞""湿/濕""时/時""书/書""数/數""双/雙""铁/鐵""万/萬""为/為/爲""烟/煙""义/義""园/園""毡/氈""针/鍼"。其中多数字有时写简，有时写繁，没有一定之规。上列简笔字大都沿承自某一更早的时期，而非明代才始用。

"虫"，"蟲"的省笔字。《龙龛手镜》上声卷，立有部首"虫"，但只收"蟲"，不见"虫"字。更早的例字见于敦煌写本，为《敦煌俗字典》收录，如虫、虫。近代通俗小说中用例颇多，见《宋元以来俗字谱》虫部所列。

"國"，古时其字有多种写法。《敦煌俗字典》所录"國"的异形达十三个，包括"国"，但无一状似今天简写的"国"。《龙龛手镜》口部，收有"囻""囶""国"等五字，并且将正字"國"释为"邦国"。《篇海》口部收列"國"的俗字若干，也是有"国"而无"国"。《葡汉词典》中，"国""國"并见，前者九例，后者六例，仍无一例"国"字。

表示能够、善于的"會"字，逾三十例，简笔的"会"仅两例。"会"字通行于民间当已久，为《宋元以来俗字谱》曰部收录。《葡汉词典》中的两个例子是"会弹唱""不会倦-不辛苦"，写为会、会。

"禮"字四例，"礼"字九例。《干禄字书》："禮、礼，并正，多行上字。"正式场合盖以繁写为多，而民间则频频简写。

"齐"，"齊"的省笔字。《葡汉词典》中，有四例"齐"，三例"齊"，尚不见"齐"字。"齐"是"齊"字由繁趋简、向"齐"过渡的形体。虽然在敦煌写本中，已可见草字"齐"（齐，见《敦煌俗字典》312页），但《宋元以来俗字谱》一二九页所录"齊"的简笔字，"齐"达九例，而"齐"仅两例，似能说明"齐"在民间终不及"齐"通行。类推之，"脐"写为"脐"（脐，87b）。"脐"是"臍"的俗体，为《龙龛手镜》肉部所收，只是右下的部件多出一横。

“錢”字廿余见，其中四例为草书简笔：、、、（108b、124b、126a、145b）。这一写法也已延续多个世纪，敦煌写本中便有其字形，《宋元以来俗字谱》金部录有多例，有些今人编纂的大型字典也会考虑收录。[①] 然而，这一字形始终限于俗草，并无相应的印刷体。

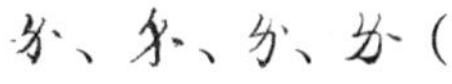

“书”字恰可成为对照，得以定型为正字。今人集释的敦煌俗字当中[②]，尚无“书”字；《敦煌俗字典》在“書”字底下列出四个字形，也都是“書”的繁写草体。但《宋元以来俗字谱》曰部录有、、诸形，均为“書”的简笔。《葡汉词典》中，“书”字写作，虽然仅见一例，却与“書”字并现于同一词目（139b）。

“雙”，见于敦煌写本的形体达七八种[③]，无一例接近如今简写的“双”；《敦煌俗字典》收有“雙”，也不见“双”字。至《葡汉词典》，其上“双”字达九例，“雙”字仅见一例。对比《宋元以来俗字谱》佳部“雙”，所征引的全部十二本通俗小说都有“双”字的用例，可知《葡汉词典》频用此字并非书写者的个人偏好。

“万”字两例，“萬”字一例。《干禄字书》：“万、萬，并正。”

“园”“園”二字，今为简与繁的关系，所指之词是同一个。古则分指两个词。《说文》囗部：“園，所以树果也”；无“园”字。《玉篇》囗部：“園，于元切，園圃也”；“园，五丸切，削也。亦作刓”。《类篇》从其分别，也判为二词。《葡汉词典》中，“园”字十一例，“園”字五例，均指园林、花园、菜园等，意义没有区别。

时而简笔，时而繁写，似乎并无讲究。值得注意的是，在同一条目内，简字和繁字常会一起出现。例如，Alcatifa（地毯）释为“氈條 毡毯”（38b）；Bem criado（有教养的）释为“曉得礼数 知禮達禮”（51b）；Espevuitar, cortar pavio（拨烛花，剪灯芯）释为“剔燈 挑灯”（96b）；Melhor（较好的、更好的）释为“強過 勝过”（119b）；Ortolão（园丁、菜农）释为“管園的 守园人”（125a）；Piccar（刺、扎）释为“鍼 針”（130b）；Responder por carta（用书信

① 赵红（2012：165）。

② 于淑健（2012），赵红（2012）。

③ 赵红（2012：178–179）。

作答、回信）释为"囬書 答书"（139b）；Turribulo（香炉）释为"香炉 手爐"（151b），等等。这样的例子一多，便可知书写者自有意图，欲向西士显示同一字的不同写法。

1.6.3 俗字的又一类：异体字

泛言之，凡异构之字均属异体字，简笔字也在其内。但异体字与正字不一定有简繁之分，如"游"与"遊"、"棋"与"碁"或"棊"，繁简的程度是相当的。此外，异体字也未必一定是俗字；何者属正字，何者为异体，有时难以判定。如"鷄"和"雞"、"跡"和"迹"，据《干禄字书》并为正字。

《葡汉词典》中，以下诸字交替书写："帮/幫""筆/笔""遲/遅""船/舡""粗/麄""袋/帒""吊/弔""發/発""果/菓""旱/浑""回/囬""雞/鷄""迹/跡""經/経""留/畱""美/羙""奶/妳""粘/黏""棋/碁/棊""脱/脫""玩/翫""污/㵝""笑/𥬇""效/効""修/脩""學/斈""藥/薬""紙/帋""煮/煑"。

"笔"，敦煌写本中已有其字①，为《敦煌俗字典》收录。《类篇》不但分别收列"笔"（毛部）和"筆"（聿部），且将衍生字"濗 滗"（水部）并录于一条。而在《玉篇》上，还只有"筆""濗"。《葡汉词典》中，"笔"字凡四见，其中单用一例，"笔直"一例，"笔架"两例。单用的一例，其正体与俗体并现：在同一葡语词目Pincello（画笔、毛笔）之下，先写"筆"，再写"笔"（130b）。"筆"字仅此一例。

"遅"可视为"遲"（迟）的半简化字，见于敦煌写本。②《葡汉词典》中，"遲"写为遅、遅、遅（76a、82b），其部件"羊"进一步简为"丰"。

"袋"字四例，"帒"字仅一例。《干禄字书》："袋、帒，上通下正。"

"菓"，只在水果、果园等义上与"果"互通，在其他场合则不相混，如"果真"、"结果"（表示因果关系）的"果"字不写为"菓"。《干禄字书》："菓、果，果木字，上俗下正。"

"浑"，敦煌写本中有其形，或认为是"旱""汗"二字的

---

① 赵红（2012：114）。
② 赵红（2012：71）。

记音俗字或增旁俗字①；《敦煌俗字典》在"旱"字下也收有一例"浑"，写为浑，指干旱。《葡汉词典》中写为浑、浑、浑、浑等（106b、109b、110a、146b），其用例可证该字继续活跃于民间。"浑"字计六例，其中单现一例，指汗水；构成复合词或词组如："浑兵"（指步兵，两见），"浑戦"（即陆战），"起浑""徃浑去"（谓走陆路）。"旱"字只两例，构成"旱年""天旱"。

"囬""回"，前者二十余例，后者仅一例。《干禄字书》："囬、回，上俗下正。"

"雞""鷄"，均为今"鸡"字的繁体。"雞"字十余例，"鷄"仅一例。《干禄字书》："鷄、雞，并正。"

"跡"字六例，"迹"字两例。《干禄字书》："跡、迹，并正。"

"奶"字的写法最欠统一。（1）今天通行的"奶"字，《葡汉词典》中仅见一例（130a），构成复合词"狗奶"。但"狗奶"不是指狗的奶水，而等于说"奶狗"②，指有奶的母狗，或即母狗。（2）写为"妳"，两例（73a、111b），都与"乳"字组合。根据对应的葡文词目，可知一例"妳乳"为名词（Leite 奶、乳），另一例"妳乳"为动词（Dar leite 喂奶）。"妳"通"嬭"，二字并见于《玉篇》女部；《龙龛手镜》女部，也收录此二字，读作"奴买反"，释为"乳"，即今"奶"字。《葡汉词典》中，未见繁写的"嬭"。（3）写作"脬"（脬、脬、脬），计三例（116a、116b）；写作"肟"（肟、肟），两例（116b、149a）。其用法，或独立成词，对应于葡文 Mama de molher（女人的乳房、奶汁）、Teta（乳房、乳头）；或为语素，构成复合词或词组"食脬""小脬""孩児食肟"，分别对应于葡文 Mamar（吃奶）、Maminha（奶水少）、Mamão, criança de leite（婴儿，吃奶的孩子）。

"瀙"，构成形容词"瀙濁"（35a、116b），即"汚浊"。用作动词，其字仍写为"污"："污了行齒""血污了"（90a、91b）。《龙龛手镜》水部："瀙、瀙，二俗，乌故反，正作'污'。"如今"汚"字已成异体，正字是"污"，后者未见于《葡汉词典》。

---

① 于淑健（2012：343）。

② 对应于葡文 Perra, cão femea（母狗，雌狗）。"狗奶"这一构式，同于"狗母"（见葡文词目 Cadela"母狗"，55b），为粤闽方言所特有。

"笑",多写为"竹"字头下一个"犬"字,如"笶、笶、笶"(44a、73a、83b)。《玉篇》竹部有此字:"笶,私召切,喜也。亦作'咲'。"《敦煌俗字典》454页录有"笶",即此字。《广韵》笑韵,首列之字便是"笶",注明又作"笑"。

"修""脩"同音,原本分指二词,意思完全不同;其字形虽然相近,也不属一个部首。《说文》彡部:"修,饰也,从彡、攸声";肉部:"脩,脯也,从肉、攸声。""脯"指干肉,即"束脩"。《干禄字书》并收二字,仍照此分别:"脩、修,上脩脯,下修饰。"然而二字自来相混,至《葡汉词典》中,"修"字六例,"脩"字七例,属于自由变体,一并表达修理、修治、修整、修行、修道等,所指无任何差别。

以下诸字只写异体:"氷"(=冰)、"湌"(=餐)、"窓/窻"(=窗)、"児"(=兒)、"掛"(=挂)、"烘"(=烘)、"呌"(=叫)、"觧"(=解)、"楽"(=樂)、"夢"(=夢)、"荸"(=孵)、"筭"(=算)、"徃"(=往)、"塩"(=鹽)、"婬/滛"(=淫)、"遊"(=游)、"幼"(=幼)、"戦"(=戰)、"涨"(=涨)、"桌"(=桌)。

"湌"字三见,单用一例,组词两例:"一湌中飯""一日食一湌"(108a)。《龙龛手镜》入声卷食部,将"餐""湌"并列为正字。

"觧"(解),敦煌写本中有此字,或认为"觧"是"羘"的讹俗体,又写作"狴"。①"羘"字的本义为母羊,而典籍中所遇的"敦羘",则是指太岁在午、万物兴盛之年。《葡汉词典》中,"觧"字凡十九见,组成"觧释、觧註、觧脱、觧開、觧衣、觧首(=解手)、勸觧"等词,无一例可与"羘"通,而与"解"字则无别。《干禄字书》:"觧、觧、解,上中俗,下正。"

"烘",用作动词(烘乾,93b),对应于葡文Enxugar ao fogo (用火烤干)。"烘""烘"同音,录于《集韵》东韵,均作呼公切,而释义则有别:"烘,《说文》尞也"(尞=燎);"烘,火气貌"。《篇海》卷十三火部:"烘,呼东切,火气貌。"按"烘"与"烘"似为同一词,写法不同而已。

"筭""算"本为二字,《说文》释义不同:"筭,长六寸,

---

① 于淑健(2012:365)。

计历数者，从竹从弄"；"算，数也，从竹从具，读若筭。"但据《玉篇》，二字的意思已接近，唯切音略有区别："筭，苏乱切，计筭也，数也"；"算，桑管切，数也，择也。"《葡汉词典》中，"筭"字凡十见，无一例写为"算"，组词如"計筭"（121a）、"筭法"（44b）、"筭手"（61a，指账房先生）、"筭步"（128a，指步测）、"總筭"（145b，汇总、总计；112b，指考虑、重视）。

"刧"字三见，组词如"刧女""刧細""刧小"。其字形见于敦煌写本。《敦煌俗字典》"幼"字之下，列有两例"刧"。《集韵》卷八，篇目写"刧第五十一"，正文则写"五十一〇幼"。《篇海》卷十三，幺部："伊谬切，稚也，少也。"《中文大辞典》刀部收有"刧"字，并引《字汇》："幼，俗从刀。"

汉字演化至明末，距离现代已不远。《葡汉词典》上所见的汉字，展现了明末民间使用汉字的情形，对于考察近代汉字的流变是一份珍贵的资料。今天通行的许多简化字，在那时已具其形，有些与繁体字并存，有些甚至显出取代繁体的趋向。如此看来，二十世纪以来倡行简化汉字，实为一项"扶正"的举措，使一批早已简写的俗字获得正字的身份。

1.6.4 别字

因形体相似或音义相近而写错的字，即别字，也称白字。《葡汉词典》中，纯粹因为字形接近，就会把字写错，如把"叉"错写成"义"（103a、103b、105b），把"蜜蜂"写成"蜜蚌"（32b），把"贏"误写为"嬴"（38b、61b、82a等）。六例"贏"字无一写对，统统误作"嬴"，决非粗心所致。

形体的一部分相同，读音又一样或很接近，更容易出错。例如，把"奈"写成"柰"（75a、75b等）①；"賭"常错写成"覩"（100b、108b等）；"徃費"，系"枉費"之误（73a、87a等）；"相陪""相陪食"误写为"相倍""相倍食"（34a、59b）。

《葡汉词典》上，借音字频繁出现，或许是无意识地写错了字，或许是不记得或不会写某个字，有意用同音或近音之字代指。

---

① 据《玉篇》，"柰、奈"二字可通："柰，那赖切，果名。又'柰何'也。"但正统辞书以区分居多，如《洪武正韵》泰韵："柰，尼带切，果名。徐锴《韵谱》云，俗别作'奈'，非。"

例如，"翌晨"写为"翼晨"（76b）；"玻璃瓶"写为"薄璃瓶"（106a）。只看一例"早起伸"（115b，指起早），我们会觉得把"身"错写为"伸"是出于笔误。一经发现更多类似的例子，如"起伸"（112a，指起立；127a，指动身），就能看出这样的失误并非偶然。"蛋黄"误作"胆黄"（106b），是写了白字，属于个人读写能力的问题。然而，把"生蛋""煎蛋""虱蛋"（指虱卵）写为"生旦""煎旦""虱旦"（112a、116a、132a），"旦"字如此系统地借音为"蛋"，再联系到今天，农贸市场、街头摊点上经常可见"鸡旦""鸡旦饼"之类写法，便使我们有理由相信民间一直有用"旦"取代"蛋"的书写习惯。同样，"够了"写为"勾了"（32b），"不能够"写为"不能勾"（91b），看起来像个人书写的过失，实则是民间习惯的写法所致。近代通俗小说中，"够"字常常写为"勾"（见《宋元以来俗字谱》123页），便是充足的证据。

"故意"写为"固意"、"过筛"写为"固籂"（35a），被借音的字都是"固"，暗示了它与"故、过"在写者所操的方言中均为同音关系。"故、固"同音，这一点应无疑义，至于二字与"过"的同音关系，则见于吴方言、闽南话。

像"固籂"这样的词，仅看汉字会不知所云；即使有注音可参，也不易辨别正误。只有看了葡文词目（Açiranar, cribro[①] 筛、过筛），才能确定词义。类似的例子如"彪創"，系"标枪"之误（Dardo 标枪，73a）；"傷板"，为"镶板"之误（Forro de tauoas 木板镶里，104a）；"箱宝石"，"箱"为"镶"之误（Encastrar pedraria 镶嵌珠宝，89a）；"苍蝇"，错写成"倉鷹"（mosca 蝇、家蝇，120b）。

别字或白字，字的写法其实不误，误在用错了地方。还有不少字，写法本身就有错，或者漏笔，或者添笔，或者部首混淆。错写部首的例子如："裡""衫"，部首"衤"误作"礻"；"寝""冤"，部首"宀"误作"穴"；"狗""狂"，部首"犭"误作"彳"。此类误失甚多，不烦细说。

---

① 前者是葡语动词，后者则是同义的拉丁语动词。

1.6.5 自造字

有些字查无着落，疑为自造。自造之字以左右结构居多，以下各字均属此列：

"脌" = 膀（脌胩 脾脌，50a、84a），指脾脏。

"牬" = 公（牬，101b），指雄性。

"俫" = 乖（俫巧 俫巧，82a、83b）。

"騢" = 騍（騢馬，87a），即母马。

"矛卯" = 錨（矛卯，100b）。

"椗" = 椗（椗，100b）。

"舠" = 斗（望舠，105b）。"望舠"与"观星"同义，借指高处；此处指船上的桅楼，故"斗"字添有"舟"旁。

"窋" = 窿（窋窋，54a；窋窋，63a），似为"窿"的方音字。"窟窋"，即"窟窿"。可惜二例均缺注音。

"鎈" = 銹（上鎈、鉄鎈，90b、102a），指生锈、铁锈。

"摛" = 涂（摛粉，90a），与"抹粉""搽粉"同义。

"橺" = 楦（下橺，90b），指楦鞋。

"貯" = 注（大貯，77a），指赌钱时押大注。

"眃" = 狂（眼眃，77b），指发疯。

"潿" = 泻（潿水，109a），指小便。"潿"字标作 *scie*，当写为"瀉"（泻）。"瀉水"（sia⁵ tsui³），即撒尿，见《闽南方言大词典》正文前所附《台湾闽南方言概述》（32页）。

前文（1.6.3节）述及的"脝""肍"，可能也是自造的字。但笔者所识所查都有限，上列诸字是否确系自创，姑且存疑。

1.6.6 误标字

最后来看这样一类字，其写法和用法都对，但因为被误读，致使注音出了错。误读误标主要是由于字形相似，如表示监狱、牢房的"監"字（55a、55b），错标为 *la'*、*lan*（*la'* = *lan*）；"太監"（57a），注音误为 *tai la'*。显然是把"監"识成了"覽"。"監"与"覽"在中国人眼里也属形近易混之字，故《六书辨正通俗文》（9页）提醒后生"監、覽无忘皿"。但"放監""出監"（79b）和"收監""監裡頭"（89a）等词，其中的"監"字注音为 *chien*，却不误。连带发生的误读，如"通鑑"（62a，指编年史），标为 *tu' la'*。以下为类似的讹标：

"鎧甲"（44b），标为 chi chia，"鎧"混同于"豈"。"鎧"字计有五例，只有一例不误："脱鎧甲"（77b），标作 to quei chia。

"栗子 栗子樹"（58a），标为 piau zi、piau zi sciu，"栗"混同于"票"。

"烏雅"（62b），标为 niau ya，"烏"混同于"鳥"（鸟）。另一处"烏鴉"（107b）标作 u ja，则不误。

"胭脂粉"（36b），标为 in to fen，"脂"混同于"脱"。

"醉僕"（51a），标为 zui po，"僕"混同于"僕"（仆）。

"鬚"（50b），指络腮胡，标为 fa，混同于"髮"。同一页上，继之有"羊鬚"（山羊胡子）、"長鬚"（留大胡子的人）、"黄鬚"（红发）三词，"鬚"字也都错读为"髮"音。

"蜂岫"（59a），对应于葡文 Colmea（蜂房、蜂群），标作 fu' sa' tien。将三个字音还原为汉字，系"蜂山田"。"蜂岫"，闽南话指蜂房。因"岫"（山由）的左右两半写得较开，而右半又被当成了"田"，以至于对"山、田"二字分别注音。

《葡汉词典》的编写过程，大约分为三步：先由西士根据某一本葡文词典拟定词目，再由中国合作者写上对应的汉语字词，最后由西士逐条给予注音。写注音时，西士不能尽识其字，且未必每一条都会问到中国师傅，于是便有可能误标。不过，误标的责任也不全都在西士，因为中国人照样会念白字，倘若提供读音者与书写汉字者不是同一人，况且识字不多，读错的概率就更高。这方面的问题，涉及汉字的辨识和认读，故在此一并略述。

这里说，写出汉字在先，加标注音在后，是就多数条目而言。有的条目则相反，是西士先写的注音，然后才请中国师傅书写汉字。在这一类场合，稿面所见的注音形式其实不能算注音，而是西士凭听觉记下的字音，即用拉丁字母转写的汉语词。如下面两条：

| Molhar（弄湿） | ta scie | 打湿 淋润（120a） |
| Palmada（拍掌、掌击） | ta cia' | 搭掌（126b） |

ta scie，起初写为"大些"；*ta cia'*，原写为"大掌"。像这样把字写错，发现之后涂改重写，自然是注音在先，写字在后。

1.7 注音与方音

在西洋汉语注音史上,《葡汉词典》所见的拼写法可能是最早付诸实施的拉丁注音体系。一个刚刚起步、尚待成熟的注音方案,疏失与弊陋在所难免,比如一眼扫过我们便能看出:声调和送气都没有记号。如此显著的两项辨义特征遭到忽略,恐怕不是因为注音者听不出差别,而是因为一时难以想出周全的标记手段。尽管粗糙不完,这种拼写法却简便易使,日后也未尽失其用。例如今人习惯从旧拼,把"清华"的英译名写为Tsinghua,声调和送气都不计,也照样可以通行。

杨福绵将《葡汉词典》的注音体系称为罗明坚系统,阐述与分析相当用心。他分辨意大利文字母与葡文字母,谈及多种方音的干扰及其遗留的迹痕,并与利玛窦、万济国等人的注音系统详加比较,说明各家记法的异同,乃至构建明代官话的语音系统,区分前期与后期等等。[①] 笔者不打算全面展开探讨与评述,诸如注音字母的来源、葡文正字法的作用、与他人注音系统的差异一类问题都略过不表,更无意涉入明代官话音系,而只拟就杨福绵的发现与归纳作一些补充,然后对词典注音本身作一个梳理,并以音节表的方式展示所获的结果。即便有西文字母的注音,有成组的例字可资参证,也很难对一个历史上的音系做出精确的描写,更难以准确地判定所有声韵母的实际音值。但通过与现代普通话的字音逐一对照,或能发现一些细节,借以窥察当年西士记下的中国话音系的大致面貌。

《葡汉词典》上的汉字,有些带注音,有些未加注音。凡是注音清晰可辨、认读没有疑问的字,都在音节表收录之列。音节表设有两张,分别针对声母和韵母,大抵按西文字母的顺序编排。声母表求其简明,每一音节只提供一个例字。欲知同一音节有无更多例字,可查韵母表。如ci(知),韵母为i,从韵母表上可以查得,拼为ci的例字还有"紫、姊、自、次"等18个。声母表上已给出的例字,韵母表除个别外不再重复。统而观之,音表所呈现的是一个混合的中国话音系,其中有官话、有方言。官话早就有北南之分,不过在《葡汉词典》注音形成的年代,占优势的是南官话,粤闽一带尤其如此。至于方言,虽然纷繁众多,注音者所接触的还只是闽、粤、客家话等少数

---

① Witek(2001:112–130)。

几种。某些有别于官话的字音,在这几种方言里大体可以寻见。

先来看声母。除了较简单的p [p, p']、t [t, t']、k [k, k']等,杨福绵集中分析的有:

声母	国际音标	出现条件	例字
c	[tʃ] 或 [tʃ']	在 e、i 之前	战 cen 臭 ceu 丈 ciam 出 cio
	[k] 或 [k']	在 a、o、u 之前	该 cai 看 can 过 co 宽 cuon 苦 cu
	[x]	有时在 u 之前	花 cua 欢 cuon
sc	[ʃ]	在 i 之前	是 sci 水 scioi 十 scie
z	[ts] 或 [ts']		子 zi 菜 zai 做 zo 从 zum
ç	[ts] 或 [ts']		节 çie 酒 çiu 草 çau 村 çiuon
g	[ʒ]	在 e、i 之前	日 ge 肉 gio

对照下列声母表,我们会发现实际标写注音的情况要复杂得多。

1.7.1 声母表

声母	音节与例字	普通话拼音
c	ce(折),ci(知),cen(战),ceu(周),ciam(丈),cin(真),ciu(珠),ciuon(转)	zh
	cen(怎),ci(滋)	z
	cen(沉),ceu(丑),ci(持),cie(车),cio(出),ciuon(船)	ch
	cen(曾),ci(此)	c
	cie(食)	sh
	cai(该),can(干),cau(高),co(哥),cou(狗),cu(故),cua(挂),cui(归),cuo(过)	g
	can(看),cu(苦),ceu(口),cuei(亏)	k
	ci(济),cie(接),cin(进)	j
	cau(敲),ci(齐),ce(窍),cie(七),cin(情),cien(千)	q
	can(汉),cu(湖),cua(花),cuan(还),cuei(会),cum(红),cuo(火),cuon(混)	h
	cu(麸),cua(法),cuan(泛),cuei(非),cuo(服)	f
	cie(膝)	x
	cuo(恶)	∅

续表

声母	音节与例字	普通话拼音
cc (cç)	cci（嗞）	z
	cci（知）	zh
	cci（慈）	c
	cci（痴 持）	ch
	cci（祭）	j
ch	chi（鸡），chij（几），chia（家），chian（讲），chiau（交），chie（棘），chien（间），chin（金），chieu（久），chiu（句）	j
	chi（欺），chien（欠），chin（禽），chiu（去），chiau（桥），chieu（球），chio（却）	q
	che（扯）	ch
	chin（跟），cheu（狗）	g
	che（刻），cheu（口），chie（客）	k
	che（靴），chiuon（楦）	x
ç	çau（草），çi（厕），çuon（寸），çiuon（村）	c
	çian（将），çiau（焦），çie（节），çien（渐），çin（浸），çiu（酒）	j
	çi（妻），çie（七），çien（千），çin（青），çio（雀），çiu（秋），çiuon（全）	q
	çen（憎），çi（自），çiuon（尊），ço（做）	z
	çeu（皱），çie（织），çin（整），çium（中），çiuon（转）	zh
f	fa（法），fan（番），fen（分），fi（飞），fu（扶），fun（风）	f
	fa（活），fan（环），fen（横），fo（河），fu（胡），fun（婚）	h
	fen（喷）	p
g	ge（日），gen（然），geu（揉），giau（饶），gin（人），gio（肉），giu（如）	r
	gu（壶），gua（滑），guai（坏），guam（皇），gum（红），guo（鹤）	h
	guej（季）	j
	gu（枯）	k
	gua（瓦），guai（外），guam（王），guei（为）	w
	guon（允）	y
	gi（儿），guo（饿）	ø
gh	ghi（起）	q
	ghin（惊）	j

续表

声母	音节与例字	普通话拼音
gn	*gniau*（鸟），*gnie*（逆），*gnien*（捻），*gnu*（女）	n
	gni（疑），*gnien*（砚）	y
h	*han*（含），*hau*（好），*he*（核），*heu*（后），*ho*（和），*hum*（红）	h
	ho（蝠）	f
	hoi（咳）	k
	han（限）	x
	ho（萬）	w
j(=y)	*jan*（养），*jam*（羊），*jen*（眼），*jo*（玉），*juon*（远）	y
l	*la*（蜡），*lai*（来），*lan*（蓝），*lau*（劳），*leu*（楼），*li*（离），*liau*（了），*lien*（连），*lin*（林），*liu*（留），*lo*（罗），*lu*（炉）	l
	lau（闹），*lien*（粘），*liu*（纽），*lui*（内），*lun*（弄①）	n
	lan（舰）	j
m	*ma*（麻），*mai*（埋），*man*（慢），*mau*（帽），*miau*（妙），*mien*（面），*min*（名），*mo*（摸），*mu*（母）	m
	moi（未）	w
n	*na*（拿），*nai*（奶），*nan*（男），*nau*（恼），*ni*（尼），*niau*（鸟），*nien*（年），*niu*（纽），*nu*（奴）	n
	nai（赖）	l
ng	*ngo*（我）	w
	ngan（岩）	y
	ngai（爱），*ngau*（傲），*ngon*（安）	ø
	ngai（呆）②	d
ngh	*nghen*（硬）	y
	nghe（额），*nghen*（恩）	ø
p	*pa*（巴），*pai*（摆），*pan*（傍），*pau*（包），*pen*（笨），*pi*（比），*pie*（逼），*pien*（边），*pin*（兵），*po*（菠），*pon*（搬），*pu*（布）	b
	pai（牌），*pau*（泡），*pi*（披），*pin*（品），*po*（坡），*pon*（判），*pu*（铺）	p
	poi（肥）	f

---

① 动词，"作弄、弄乱"的"弄"。

② "呆"，旧音 ái，字又作"騃"。

续表

声母	音节与例字	普通话拼音
q	*quai*（怪），*quei*（鬼），*quei*（跪）	g
	quai（快），*quei*（愧），*quam*（旷）	k
	quien（见）	j
	qua（画），*quai*（坏），*quei*（会），*quam*（黄）	h
	quam（顽）	w
s	*se*（色），*si*（丝），*san*（散），*sau*（扫），*sum*（送）	s
	sa（沙），*san*（山），*se*（赦），*sen*（生），*seu*（瘦），*si*（史），*so*（蝉），*su*（数）	sh
	si（词）	c
	sin（承）	ch
	si（细），*sie*（些），*sin*（心），*siau*（小），*siu*（修）	x
	siu（囚）	q
ss	*sse*（色），*ssi*（私）	s
	ssi（使）	sh
	ssi（期）	q
	ssi（西），*ssin*（信）	x
sc	*sca*（杀），*sci*（是），*sciau*（少），*sci*（诗），*scie*（石），*scin*（伸），*scioi*（水），*sciu*（书）	sh
	scin（承）	ch
	sce（者）	zh
sch	*schi*（喜），*schia*（下），*schiai*（鞋），*schia'*（响），*schiau*（晓），*schie*（歇），*schien*（闲），*schin*（形），*schio*（学），*schiu*（虚），*schium*（兄）	x
	schio（鹤）	h
	schan（上）	sh
t	*ta*（大），*tai*（袋），*tan*（单），*tau*（刀），*teu*（斗），*ti*（低），*tiau*（刁），*tie*（跌），*tien*（点），*tin*（顶），*to*（多），*ton*（断），*tu*（读），*tui*（队），*tum*（东）	d
	ta（他），*taj*（胎），*tan*（贪），*tau*（讨），*ten*（疼），*teu*（偷），*ti*（提），*tiau*（挑），*tien*（天），*tin*（听），*to*（托），*tu*（土），*tui*（腿），*tum*（同）	t
v	*van*（亡），*ven*（问），*vi*（未）	w
y	*yau*（窑），*ye*（野），*yeu*（有），*yi*（意），*yu*（鱼），*yin*（莺）	y
	yai（挨）	ø

续表

声母	音节与例字	普通话拼音
z	za（杂），zai（在），zau（造），zeu（走），zi（子），zo（座），zu（做），zum（总）	z
	za（渣），zai（债），zan（站），zi（知），zo（桌），zu（助）	zh
	zai（才），zan（餐），zau（草），zo（错），zoi（莱），zu（粗），zum（从）	c
	za（叉），zai（差），zeu（愁），zu（初）	ch
	zui（碎）	s
	zan（枪），ziu（取）	q
	zuo（绝）	j

（1）异拼与又音

首先须注意，声母一栏里列出的辅音不一定都是独立的声母。有些可能只是异拼，即同一声母的不同拼法。字同而注音相异，这样的例子在《葡汉词典》上极多，给读者留下的第一印象便是拼法混乱。如"眼"，通常拼为yen，异拼有jen、ien、yan、jan、yaen等。那时候欧洲人书写文字，还不甚讲究正字法，就说葡语，同一个词出现两三种拼法很普遍，也不难识别，看熟了并不觉得问题有多严重。举个例子，葡语称鞋子为sapato（复数sapatos），这是今天的拼法，《葡汉词典》上既有完全一样的sapato，又写成çapato或zapato。即，辅音字母s、ç、z三者是混用的。这种自由涣散的书写习惯，很有可能波及注音，导致拼法有欠统一。不过，一个汉字的音忽而这样拼，忽而那样拼，并不总是能以正字法来论处。究竟是异拼，还是属于又音或异读，不宜遽下结论。

例如"知"，注音为ci，时或作cci，后者的所有出现环境均为前者覆盖。再通检词典全篇，发现"知"拼为ci有10例，而cci仅两例（其中的一例异拼为ccij，ij = i），于是我们有理由推断：c是正拼，cc为其变体。可是，无法完全排除这样一种可能：由于发音人不止一位，其方言背景不同，在注音者听来终究有小异，遂以cci和ci分别记录。谨慎起见，我们还是把cc与c分开，各自提供例字。类似的还有ss与s，虽然从分布上看不出二者有实质的区别，可以视前者为后者的异拼，但又音的可能性依然存在。

有时，异拼与正拼会在同一页上出现，甚至是紧邻的条目，例如

（110a）：

| Irmaã pequena（妹妹） | *cci moj* | 姊妹 |
| Irmaã grande（姐姐） | *ta ci* | 大姊 |

cci与ci同时出现，更像是又音而非异拼。况且"姊"字本身就有尖团二读：《广韵》作将几切（jǐ），《正韵》作祖似切（zǐ），两种拼切并为《康熙字典》"姊"（姊）字条所引。

（2）复辅音：sc，sch，gn，ng，ngh，gh

sc和sch有可能混淆，但并非异拼的关系。二者的分布明显有别，例字也不同。sch大都与带介音i的复韵母相拼，基本相当于普通话的x[ɕ]。

gn和ng，不仅写法相似，发音方式也类似，均为硬腭鼻音（温州话今记为[ŋ]）。实际注音中，二者也是各有各的分布，以介音i的有无相判别。在有的南方方言里，今天仍能见到这两个辅音所代表的声母，且有分别对应的字，与声母表上的例字吻合；包括"疑、砚"，声母也是gn。如上海话：[1]

gn ——"牛"[gnioe]、"拟"[gnij]、"逆"[gniq]、"女"[gniu]、"疑"[gnij]、"砚"[gni]

ng ——"我"[ngu]、"岩"[nge]、"傲"[ngo]、"呆"[nge]

在《葡汉词典》的注音者当年接触的粤语、闽南话、客家话里，gn与ng可能也有分别，后来才发生合并，如客家话只留下后者：[2]

"牛"[ngiu^2]、"拟"[ngi^3]、"逆"[ngiak^6]、"女"[ngi^3]、"疑"[ngi^2]
"我"[ngo^1]或[ngai^2]、"岩"[ngam^2]、"傲"[ngau^4]、"呆"[ngoi^2]

再看ngh与ng，例字显示二者形成互补：ng出现在a、o之前，而ngh只见于e之前。

最后是gh，多见于单韵母i之前，对应于普通话的送气声母q[tɕ']。例字有"旗、起、气、器"，拼为ghi。但这四个字都另有拼法，即chi。如果chi为官话音，则ghi是方音，以其中的两个字为例：

---

[1] 见《汉语方言发音字典》（http://zh.voicedic.com/）。下文标注方言读音，除另有说明外，出处均同于此。

[2] 唯"砚"读为[yen⁴]，可能是受到官话的影响。

	围头话	广州话	客家话
起	[hi²]	[hei²]	[hi³]
气	[hi¹]	[hei³]	[hi⁴]

"起"是高频字,《葡汉词典》上共出现42次,多数拼为chi (chij), ghi不过6例。"气"字也常见,出现21次,ghi仅2例。由此似可推见,注音中虽不免夹有方音,仍以官话音为主体。

gh又见于in之前,但仅一例"惊"(48a),拼为ghin。"惊"字的注音,多取官话音chin,作ghin则是方音,如客家话里"惊"一读为[gin¹]。

(3) l与n

以l替代n,这样的方言不在少数,如例字"纽、内、弄",在闽南话、客家话、南京话里声母都是l;"粘",声母取l的方言有闽南话、潮州话、南京话。反向的例子,用n替代l,本词典上只有"赖"字如此,拼为nai;且只见一例,另外五例"赖"字拼作loi。可比较今潮州话,"赖"读为[nai⁶]。

方言字音的实际分布,在注音上并非总能得到体现。如"奶",闽南话、客家话、南京话以l为声母,围头话、广州话、潮州话则以n为声母,本词典上其字音九见,都记为nai或naj。

(4) f与h

以f替代h,多见于客家话,例如:"化、画"[fa⁴],"活"[fat⁶],"胡"[fu²],"婚"[fun¹]。"化"字的注音共17例,其中14例拼为cua,3例作fa;用法上没有差异,都指变化、造化、消化。另可留意"户",fu与gu两拼;"火",fo、cuo、guo三拼。"环""横"二字,注音者所记的声母也是f,客家话今读为[van²]、[vang²]。清擦音f转为浊擦音v,可能是后起的音变。

广州话里也可见到f替换h的例子,如"化"读为[faa³],"婚、荤"读为[fan¹]。此外,"喷水"的"喷",两例都记为fen,可比较广州话,"喷"字又读[fan⁵]。

用h替换f,例字有"伏、服、蝠",都拼为ho。其音存于闽南话:"伏"[hok⁸]、"服"[hok⁸]、"蝠"[hok⁷];以及潮州话:"伏"[hog⁸]、"服"[hog⁸]、"蝠"[hog⁴]。

(5) 半辅音:y与j

处在音节起首位置时,y和j属于自由变体。如"夜",注音有

ye、je、ie三式；"羊"，也有yam、jam、iam三式，都是异拼，读音没有区别。"银、引"，各有yn、yin、in三拼；"鹰"，有yn和yin两拼，也都是自由交替，不受条件限制。

（6）v的含混地位

v与f是一对唇齿擦音，前者浊后者清。例字如"问"，注音共七例，其中四例为ven，两例为uen，一例作uuen。后二者为官话音，uuen是uen的异拼，声母即今普通话的w。显得特别的是ven，当属方音，可是在今天的粤语、闽南话、潮州话以及客家话里，"问"的声母都是m。于是要问，注音者所记的声母v从哪里来？v与m的对应关系，从吴语可以看得很清楚：上海话里"问"字两读，[ven]和[men]；无锡话也一样，读为[ven^{213}]或[men^{213}]。但我们很难想象，为《葡汉词典》提供读音的会是吴语者。不妨换一个例字："文"，其注音和"问"一样，也有ven、uen、uuen三式。吴语各方言里，"文"的声母大都是v；再看客家话，声母同样是v，其字读为[vun^2]。由是可以推测，当年注音者记下的声母v是来自客家话。杨福绵认为，注音者的中国师傅当中"至少有一人是说客家方言的"[①]，结合前述"化、活、胡、婚"等字，可见其说不无根据。

关于v，还须考虑另一种可能性。拉丁文原本没有元音字母u，v就是u，以至直到近代，罗曼诸语在书写时仍不分v和u。所以，本词典的注音中，v与u有可能相混（如"晚"有van和uan两拼），ven也即uen。果如此，则三种拼法都可以归源于官话。南京话里，"问""文"读为[uen^4]、[uen^2]。

1.7.2 韵母表

韵母	音节与例字	普通话拼音
a	*ma*（马玛骂），*na*（那纳），*pa*（八芭疤伯把霸怕），*sa*（萨煞），*ta*（打搭踏鞑），*ya*（丫鸦牙哑），*za*（察茶搽）	a
	pa（白百拍），*ça*（窄），*za*（差）	ai
	fa（化画）	ua
	za（搓）	uo
	la（栗）	i
	cha（隔）	e

---

① Witek（2001：114）。

韵母	音节与例字	普通话拼音
ai (aj, ay)	*cai*（该改），*ngai*（艾爱），*hai*（孩海害骇），*lai*（赖癞），*mai*（买卖），*nai*（奈耐），*pai*（败拜），*sai*（筛晒），*tai*（歹代待带苔太态），*yai*（矮），*zai*（栽宰再财材采踩菜柴豺寨）	ai
	yai（崖）	a
am	*tam*（当），*yam*（养痒样）	ang
	quam（光），*zam*（状）	uang
	sam（三山衫），*zam*（惨）	an
an	*an*（含汗），*can*（甘杆赶看），*fan*（烦反犯饭贩），*ngan*（鞍岸案），*han*（寒领喊汗旱），*jan*（颜眼），*lan*（栏揽懒烂），*man*（慢谩），*nan*（南难），*pan*（板），*san*（伞），*tan*（耽胆旦但担淡蛋摊滩弹檀叹炭），*van*（弯晚万），*zan*（蚕惭斩暂）	an
	an（洋），*can*（钢杠糠），*fan*（方房访纺放），*han*（行），*jan*（样），*lan*（郎廊浪），*pan*（帮谤绑），*san*（丧），*tan*（当荡汤堂塘糖），*van*（网忘望），*zan*（苍藏）	ang
	han（限）	ian
	han（降），*zan*（枪）	iang
	fan（还换）	uan
	san（双），*zan*（疮床创窗装妆状撞）	uang
au	*au*（好），*cau*（高羔膏稿告考），*çau*（早槽），*hau*（毫豪壕号），*lau*（牢老），*mau*（猫毛锚），*nau*（脑闹），*pau*（胞褒宝保饱抱报暴爆雹抛刨袍），*sau*（嫂），*tau*（倒到逃桃套），*yau*（腰妖摇咬要鹞），*zau*（遭早枣灶皂噪槽抄巢）	ao
	cau（敲缴），*tau*（挑跳）	iao
	mau（亩），*tau*（吐）	u
	au（殴），*hau*（猴候），*tau*（豆头偷）	ou
e	*ge*（热），*te*（的得德）	e
	he（黑），*ze*（贼）	ei
	ze（扎察）	a
	ce（拆），*me*（麦），*pe*（白）	ai
	se（虱虱），*ye*（益翼）	i
	le（猎）	ie
	fe（佛），*me*（墨）	o
	ge（入）	u

续表

韵母	音节与例字	普通话拼音
eau	*leau*（镣），*meau*（描）	iao
	meau（猫）	ao
en	*cen*（阵），*chen*（根肯），*fen*（粉粪），*men*（门），*pen*（盆）	en
	cen（争憎层），*çen*（曾），*len*（冷），*men*（猛），*nen*（能），*sen*（省），*ten*（灯等凳镫）	eng
	cen（占毡），*gen*（染），*yen*（烟胭淹言炎沿盐筵眼掩厌焰）	an
	cen（剪前），*yen*（涎）	ian
	yen（冤怨院）	uan
eu	*ceu*（洲帚咒绸杻臭），*cheu*（钩狗够扣），*heu*（喉后），*leu*（漏），*seu*（搜），*teu*（兜豆头投），*yeu*（忧幼油游友右诱）	ou
	ceu（酒秋嗅），*cheu*（韭），*leu*（流硫），*gneu*（牛），*seu*（修）	iu
	feu（浮），*geu*（褥）	u
	leu（楼）	ü
	leu（料）	iao
eun (euon)	*feun*（分粪）	en
i (ij)	*i*（衣移意），*ci*（紫姊自次刺赐砌枝芝蜘脂值指纸致铸迟齿），*cci*（纸指制持迟），*çi*（磁子齐），*chi*（己计记纪寄继骑棋旗启气弃契器），*ghi*（旗气器），*gni*（义艺议），*li*（犁梨璃篱礼里理鲤利隶例），*mi*（迷米），*ni*（泥你），*pi*（鼻闭俾婢避皮疲屁），*si*（四师试事西蟋系细齐齿），*sci*（施市示世试势誓），*schi*（吸戏），*ssi*（丝思蛳死四似寺师狮时史屎市事洗细），*ti*（抵底地弟第帝的梯啼蹄体替剃），*zi*（慈字此）	i
	çi（厕），*ti*（得德）	e
	ci（猪处），*si*（数），*ssi*（书），*zi*（珠）	u
	chi（去举），*si*（序），*ssi*（序婿），*zi*（取）	ü
	fi（肥诽费肺回），*mi*（眉美），*pi*（悲碑备被辔）	ei
	ci（姐），*li*（猎）	ie
	si（腮筛），*zi*（子[仔]）	ai
	gi（耳饵二）	er
j (= i)	*tj*（弟）	i
	chj（去）	ü

续表

韵母	音节与例字	普通话拼音
y (= i)	y（衣依医姨以蚁义异意霓），sy（肆），ty（地）	(y)i
	y（鱼）	ü
ia	chia（假价架甲），schia（虾夏）	ia
	sia（小）	iao
	scia（杀），schia（砂）	a
	scia（耍）	ua
	chia（茄）	ie
iai (iaj, iay)	chiai（阶街解芥疥戒界），schiai（鞋）	ie
ian (jan)	chian（奸监减），schian（闲）	ian
	cian（姜匠降强），chian（姜降强），sian（相像），schian（香）	iang
	chian（港），scian（伤赏上）	ang
iam	iam（羊），ciam（匠抢），liam（亮），siam（相）	iang
	ciam（常），giam（嚷）	ang
	ciam（撞）	uang
ia' (iao', ea')	cia'（桨枪墙），çia'（枪墙），lia'（凉粮梁两量），nia'（娘），sia'（箱镶想）	iang
	cia'（张涨长场唱），scia'（商尝）	ang
iau	iau（摇），ciau（樵椒），chiau（教骄蛟缴叫较巧），çiau（蕉憔樵），liau（寮料），miau（庙），piau（标彪婊票），siau（消硝箫笑鞘），schiau（晓效孝），tiau（雕钓挑条调跳），yiau（咬）	iao
	ciau（招诏朝兆照潮），miau（猫），siau（少），sciau（烧），tiau（逃）	ao
ie (ye, je)	ie/ye（一亦），cie（即集迹节汁直执尺赤敕），chie（急极级），çie（疾），lie（力历），mie（密蜜），pie（笔壁），sie（息惜熄锡席虱），scie（瑟失湿识十什实蚀食释），tie（滴踢踢）	i
	ye/je（椰也叶夜液），cie（借切），çie（节），chie（结洁劫），lie（猎烈裂），pie（别），sie（斜邪写泻谢），schie（歇），tie（铁）	ie
	cie（遮者这车恻），çie（者），chie（隔客），gnie（业），scie（舌蛇舍射），sie（色塞射）	e
	cie（出）	u

续表

韵母	音节与例字	普通话拼音
ie (ye, je)	*schie*（颉）	ia
	mie（麦）	ai
iem	*schiem*（咸）	ian
ien	*cien*（千迁牵钱浅煎剪揃健减）, *çien*（煎前钱）, *chien*（坚俭拣见件剑）, *lien*（联帘镰脸辇）, *mien*（绵）, *nien*（念）, *pien*（蝙变便遍辨偏骗）, *sien*（先仙线）, *schien*（嫌显险现）, *tien*（颠电店佃添田）	ian
	chien（倦）, *sien*（癣）	uan
	cien（毡）, *scien*（禅善）	an
ieu	*scieu*（收手守受兽寿臭）	ou
	chieu（九旧救舅求裘）, *gnieu*（牛）	iu
	scieu（艄）	ao
im (ym)	*scim*（深）, *cim*（枕）	en
	ym（鹰）	ing
in (jn, ijn)	*in*（因）, *cin*（尽浸）, *chin*（今巾筋襟紧近琴）, *çin*（进）, *ghin*（紧）, *lin*（邻鳞）, *min*（民）, *pin*（贫聘）, *sin*（心辛新信）, *yin*（音荫）	in
	cin（井静青情）, *chin*（更经惊荆茎颈景敬镜轻）, *çin*（净静清情晴请）, *lin*（零岭另）, *min*（明命）, *pin*（冰禀病平凭瓶）, *schin*（刑）, *sin*（星腥醒性姓）, *tin*（钉顶定锭厅庭霆）, *yin*（萤）	ing
	cin（贞针枕镇震尘臣沉）, *chin*（根）, *gin*（仁忍认）, *scin*（身神辰）	en
	cin（称成城诚程秤征整正证政症狰曾）, *chin*（耕坑）, *lin*（薐冷）, *sin*（生省）, *scin*（生甥绳胜剩）, *tin*（灯等澄）	eng
	sin（寻）	un
	cin（涎）, *lin*（怜）, *tin*（店天）	ian
yn (in, jn, yin)	*yn*（音姻银淫饮引印）	(y)in
	yn（应鹰迎营赢影）	(y)ing
	yn（孕）	(y)un
io (yo)	*cio*（嚼）, *chio*（脚）	iao
	cio（逐烛竹嘱触）, *scio*（叔菽熟）, *gio*（辱）	u
	scio（勺）	ao
	gio（肉）	ou

续表

韵母	音节与例字	普通话拼音
io (yo)	io（约），lio（略），schio（靴血）	üe
	cio（浊着捉啜），gio（若弱）	uo
	io（玉），chio（曲），scio（续）	ü
ioi (ioj)	cioi（搥鎚），scioi（水）	ui
iu	ciu（猪蛛主煮住柱箸铸除厨处），chiu（足），giu（儒乳），liu（搂），sciu（输薯鼠树庶）	u
	ciu（酒），chiu（救），çiu（就），liu（榴瘤），siu（羞绣袖），tiu（丢）	iu
	iu（余雨语遇），chiu（车居举矩巨锯），çiu（趣），siu（须），sciu（序），schiu（墟许），ziu（娶）	ü
	sciu（扫）	ao
	siu（手首）	ou
iui (iuj)	ciui（搥箠锥吹髓嘴），sciuj（税睡）	ui
	giui（乳）	u
ium	cium（中忠钟终锺肿种众重虫铳），gium（绒），yium（融用）	ong
	chium（穷），schium（胸雄熊）	iong
iun (iuin)	chiun（军），sciun/sciuin（顺）	un
iuo	iuo（月）	üe
	sciuo（说）	uo
	chiuo（屈）	ü
iuon (ion)	ciuon（砖穿钏传喘串），chiuon（圈权拳犬劝卷楦），çiuon（专钻穿泉），giuon（软），gniuon（源）	uan
	ciuon（准），chiuon（群裙），çiuon（村）	un
	çion（妆）	uang
	chiuon（倾）	ing
iu'	gniu'（浓）	ong
o	fo（佛），mo（磨模），po（波伯泊薄剥泼婆破）	o
	o（屙），co（歌割鸽阁个個各壳渴），ho（禾何河荷盒贺），mo（么），ngo（恶鳄）	e
	co（谷哭窟），fo（服），ho（伏），lo（芦鹿禄），mo（墓），po（卜不簿鲭扑），so（梳束肃），to（毒读），zo（卒初锄助）	u
	lo（绿律），yo（欲狱）	ü

续表

韵母	音节与例字	普通话拼音
o	yo（乐）	üe
	mo（麦），po（白百）	ai
	mo（没），po（北）	ei
	co（锅裏货），fo（火），ho（或），lo（萝箩），so（索锁），to（多朵舵惰夺拖脱），zo（昨凿左作坐）	uo
	so（耍）	ua
	co（沟），ho（喉），lo（楼）	ou
	lo（璙），yo（药）	ao
	co（角）	iao
oi (oj, oy)	coi（该改盖），ngoi（爱），hoi（孩海害骇），loi（赖），toi（代胎台抬），zoi（才在再载）	ai
	foi（飞肥吠），moi（媒妹），poi（贝倍背陪）	ei
	toi（退）	ui
	soi（衰）	uai
on	con（干肝杆柑赶敢砍），hon（旱），ngon（暗），pon（板办伴盘）	an
	lon（浪）	ang
	pon（本盆）	en
	pon（朋篷捧）	eng
	ton（盹）	un
	con（欢），lon（乱），son（酸），ton（短段缎团）	uan
ou	chou（狗），tou（头），zou（皱凑）	ou
oui	qoui（跪）	ui
u	u（乌午五恶），cu（姑孤鸪古牯鼓固故顾雇枯库呼糊户），cci（柱），fu（夫伏福斧父付妇负糊户），gu（胡湖糊户），lu（橹路陆鹿露鹭），mu（模木目墓），nu（弩怒），pu（补捕布步葡菩），tu（赌肚度渡镀妒涂屠吐兔），uu（无舞牧），zu（租祖醋锄注）	u
	su（所），zu（做）	uo
	tu（都）	ou
	lu（六）	iu
	lu（驴），nu（女），su（序），yu（雨）	ü

续表

韵母	音节与例字	普通话拼音
ua	*ua*（袜），*cua*（瓜刮寡挂卦话画），*gua*（挖）	ua
	cua（法），*gua*（伢）	a
uai	*guai*（歪外块），*quai*（怪块快坏）	uai
uan	*uan*（亡网妄）	(w)ang
	cuan（关）	uan
	cuan（慌）	uang
uam	*guam*（光黄），*quam*（荒磺谎光）	uang
	quam（还）	uan
	quam（顽玩）	an
ua'	*gua'*（辕）	uan
	gua'（横）	eng
ue	*ue*（物）	(w)u
	mue（墨）	o
	mue（脉）	ai
uei (uej)	*uei*（会），*cuei*（灰回毁龟鬼葵），*guei*（违围苇桅伪喂窥），*quei*（规鬼贵亏窥茴遗）	ui
	guej（季）	i
uen	*fuen*（分坟），*guen*（瘟），*muen*（门），*vuen*（瘟文蚊问）	en
	muen（慢）	an
ui (uj)	*cui*（会跪），*sui*（虽随髓碎），*tui*（堆对推退），*zui*（嘴醉罪吹）	ui
	ui（微薇尾未味），*lui*（雷擂泪）	ei
uien	*quien*（见）	ian
um	*cum*（工公弓宫功拱烘红空孔恐），*çum*（从），*hum*（虹红），*sum*（松），*tum*（冻动通铜童筒痛），*yum*（容融勇用），*zum*（聪从）	ong
	um（翁），*mum*（梦）	eng
	cum（康），*tum*（荡）	ang
	um（旺），*qum*（狂）	uang
un	*fun*（分奋痕）	en
	fun（丰封疯蜂凤奉缝），*sun*（生）	eng
	lun（龙聋），*nun*（农）	ong

续表

韵母	音节与例字	普通话拼音
uo	*cuo*（国果伙货惑），*guo*（火），*luo*（螺），*suo*（唆），*tuo*（脱）	uo
	cuo（骨忽）	u
	yuo/juo（月），*zuo*（绝）	üe
	guo（鹅饿）	e
	muo（麦）	ai
uon (uoen)	*muon*（满），*puon*（搬半盘）	an
	cuon（官棺冠鳏管惯灌罐宽欢还宦换完），*luon*（乱），*suon*（选算蒜），*tuon*（断），*yuon*（冤原园圆源远愿），*zuon*（转）	uan
	cuon（滚棍困婚魂），*suon*（孙巡笋），*tuon*（墩盹顿吞），*yuon*（云）	un
	vuoen（碗）	an
	puon（本盆）	en
uoan	*cuoan*（光）	uang
	guoan（弯碗）	uan

韵母的异拼形式，见于上表的有：i / j / y；ai / aj / ay；i / ij；in / ijn，iai / iaj / iay；io / yo；iun / iuin；oi / oj / oy；uei / uej；ui / uj；uon / uoen，多为成对或成三的自由变体。下面择要讨论。

（1）i，j，y

y和j既是半辅音，又都是半元音。作为元音而自立为音节，以y最常见，如"衣、姨、以、义"都记为y；直接写为i较少见，而j只是偶或一见。出现在音节末尾时，y、j、i三者可以自由交替，如chj即chi"去"；iaj或iay，即iai，如"解"字拼为chiai、chiaj或chiay，分明是同一个音。

（2）i与ij

有的异拼几乎可以忽略，如"肉"，正拼gio达21例，异拼gyo仅见一例。有的异拼不断出现，频次甚至高于正拼，便使人生疑，是否存在又音的可能。特别是i / ij，具体到常用字，如"起"，记为chi或chij，前者12例，后者多出一倍，达24例。或许，ij是有别于i的齿间擦音？如上海话里"起"字的读音今记为[chij]。因此牵涉到in与ijn，究竟是音同而拼法相异，还是音不同而拼法有别，似乎在两可之间，仅凭记音材料本身已难下结论。如"金、近、敬",注音以chin居多,时或作chijn。

以下各对韵母不属于异拼,而是有规律地出现的又音。这里举出的是一些拼法确定无疑的字音,其两读可证官话音与方音并存,或者两三种方音间杂:

a / o,如"白、百、伯",pa或po。

o / u,如"哭",co或cu;"鹿",lo或lu;"木、墓",mo或mu;"不",po或pu;"做、助、初",zo或zu。

i / oi,如"飞、肥",fi或foi。

ai / oi,如"该、盖",cai或coi;"海",hai或hoi;"爱",ngai或ngoi;"袋、胎",tai或toi;"在、再",zai或zoi。

ui / oi,如"退",tui或toi。

an / on,如"干、杆、敢、赶",can或con;"旱",han或hon。

ao / iao,如"逃、挑",tao或tiao;"猫",mau或miau,以及meau。

an / am,in / im,ian / iam,如"山",san或sam;"当",tan或tam;"鹰",yn (yin) 或ym;"枕",cin或cim;"匠",cian或ciam;"相",sian或siam。这里说的三对韵母,实则可以视为同一类现象,即鼻韵尾-n和-m的分布。大致可以认为,-n是前鼻音,至于-m,则可能表示后鼻音,相当于-ng,也可能就是双唇音-m,作韵尾尤其多见于闽粤方言。

鼻韵尾涉及大量字音,可是我们的观察与分析受到词典实例的限制。例如,既然"山"字两读,其同音字"衫"似乎也应该有san和sam两读。实际显示的结果是,"衫"字的注音一共3例,2例为sam,另一例省作sa'。音节的末尾经常出现省音符"'",原写为上扬的一画,有时直、有时弯,在记音时著者为图快捷,便经常用它来表示鼻韵尾。但这一画究竟指的是-n还是-m,今人很难代为决断。又如"三",注音计有15例,3例为sam,其余省拼作sa',而这12例中也许就包括san。再如"箱",注音仅见sia' 一例,sian与siam两可;或者"粮",出现的8例读音都省拼为lia',到底是lian还是liam,也让人犯难。碰到这样的记音法,如果涉及的字音只有省拼而不见全拼,我们就在韵母表的适当处增设一行,使这些字音得到归档。

1.7.3 声调符号

为《葡汉词典》注音的西士，没有为声调设计标记。可疑的是某些局部，尤其对入声，杨福绵觉得注音者有所留意。如"入 ge'""得 te'""墨 me'""色 se'""裂 lie'""节、疾 cie'""十、释 scie'"等字，元音后尾所带的撇号（'），他猜测是入声的记号。① 的确，这些例字都属于入声。但有两点并不支持其说：首先，大量的非入声字，如"车 cie'""跏 chie'""蛇 scie'""夜 ye'""些、谢 sie'"，同样写有撇号；况且，这一撇号紧随字母e，有时还出现在音节的中间，如"虔 chie'n""冷 le'n""脸 lie'n""贵 que'i""受 scie'u""问 ue'n""言 ye'n"，而这些也都不是入声字。其次，以a、o收尾的入声韵，并无任何记号，何以毫不关注，也难以理解。

其实，类似逗点的这一撇不仅无关入声，与注音也没有直接关系。在连笔书写时，字迹不免潦草，为使e区别于其他元音字母，有时便在其右上角添加一撇。非但注音如此，书写葡语词时也是如此，如下面三例的写法（74b、98b、120a）：

Defronte Defronte'（对面、在面前）
Estoque Estoque'（长剑）
Molharse Molharse'（沾湿、变湿）

这是手稿呈现的样态，转录为印刷文字后，字母分离开来，哪个是哪个清清楚楚，自然没有必要照录这一撇。

尽管声调在注音体系中未获标记，但在一些零星的汉字上，我们却可以观察到一种中国传统的声调记号。民间称这种声调标记法为"圈声音"，塾师在教儿童读书识字的时候用得很多。记号一般为小圆圈，标于字的四角，以逆时针为序，左下角为平声或阳平（阴平一般不标），左上角为上声，右上角为去声，右下角为入声。《葡汉词典》的记音者使用圈声音之法，限于少量的常见字。这些字因为声调不一而词性有别，意思有时相近而关联，有时相去很远；所标的记号，阳平和去声为半个圈，上声有时记为半个圈，有时则用两道短杠表示：

---

① Witek（2001：115、129）。

中（中），"击中、中意"的"中"，去声，两例；
当（當），"正当、当真、不当数、当铺"等义的"当"，去声，五例；
长（長长），"不长进、长志气、长子"的"长"，上声，三例；
强（強），"勉强"的"强"，上声，一例；
分（分），"份额"的"份"，写为"分"，去声，两例；
重（重），"重新、重楼、单重双重"的"重"，阳平声，六例；
思（思），"好意思"的"思"，去声，一例；
首（首），"出首"的"首"，去声，三例。

最后两个字的异调，在今天的汉语词典上已罕见区分，思量的"思"和意思的"思"都作阴平，首要的"首"和出首的"首"都是上声。同注音一样，没有出现给入声作标记的例子，这可能是因为入声字始终读入声，不会一字两调。

这些声调记号告诉我们，书写汉字的华人不只是在从事葡汉对译，而且要教西士认读汉字，碰到一字两调、妨碍理解的情况就有必要说明。

1.8 葡汉词汇与中西生活

根据已掌握的史料，可以确认《葡汉词典》是现存最早的一部西洋汉语词典，然而并无十分的把握断定，编撰者就是第一代入华的耶稣会士罗明坚和利玛窦。鉴于此，我们暂且就把这部手稿视为无名氏之作。前文提到，有人猜测实际编撰者并非传教士，而更有可能是先期探路的葡萄牙航海者，其说不无道理。问题在于，仅凭一部分词汇的特点来推断整个词典文本的实际来源，并不可靠。比如粗俗不雅的词语，《葡汉词典》上的确有那么一些，但宗教词汇也不可谓少。需要通览全篇，逐条梳理，才能获得一幅完整的词汇图景。

这里要谈的是一种很普通的语言文化现象：词汇如同一面镜子，折射出一种语言所在时代的方方面面。或者说，一个时代的人们拥有些什么、在做些什么、思索些什么，从一部语文词典上面就可以看出大概。可是，由此引出的一个问题又不那么普通，需要寻思一番才能作答：《葡汉词典》含有两套词汇，分属葡语和汉语，这是否意味着，它们所映现的是一中一西两幅不同的生活画面？另一方面，这部词典是葡汉对译的结果，欧西编著者和中国合作者应该有过面对面的接触，在处理某些词条时想来还作过讨论，所以，即便是两幅全然不同的画面，也有可能因为双方的交流而变得局部接近，在语言表达上取得某种程度的一致。那么，画面不一在哪里，同一又表现在哪里？

为此，最简单的办法是把词汇按语义划分为若干类，好比把画面切割成若干块，放大开来逐一比较，以见异同。下文列举条目，为节省篇幅，也为简化问题，将略去注音；凡原稿所见的汉字均用楷体，繁体、异形悉从原写，并用双引号括起，以别于葡语词目的今译。所列葡语词均为中古拼法，大小写也均从原稿，不暇说明。

1.8.1 日常词汇

《葡汉词典》是一本普通的语文词典，而非针对某一领域的专业词典。它所收录的主要是日常词汇，而非专门术语。就指称自然、人体、动作、行为、品性、质地的一大批普通词语来看，《葡汉词典》显示的画面在葡语和汉语中大抵是一样的。表示日月星辰、风雨雷电、眼耳手足、心肺肝肠、走坐吃睡、出入启闭、勤懒勇怯、美丑好坏、轻重薄厚等等，中西词汇大都能够对应，等值的程度很高。

（1）数量词

日常词汇不胜列举，这里只挑若干类来讲。先说说数词。康华伦提到，《葡汉词典》上有些数词条目非常随意，如Quatro noites "四夜"、Catorze mil "一万四千"之类，进而质疑：何以不收更多的数词。笔者遂想，在任何一种语言里，数词都属于基本词汇，编词典者恐怕不至于忽略。果然，除了概念尚在形成的零之外，个位数在《葡汉词典》上都有相应的数词：表达基数 "一、三、五、六、七、八、九、十" 及 "百、千" 的葡语词，均单列为条，并写有对应的汉语词。"二" 和 "四" 虽不单独成条，但有Dous dias "两日"、Dous anos "两年"、De quarto maneiras "四樣"（以四种样式）等，以搭配的形式显示数词。十以上、百以内的复合数词，的确漏过颇多，有 "十二、十四、四十、五十"，其余均缺；序数词只有 "第一、第二、第八"，余缺。不过，即便是今天的汉语语文词典，也不会把十位数的复合数词个个都立为词目；序数词也一样，不必逐个立条并释义。而换作双语学习词典，不妨就把这两类数词列全。

有一类短语，用介词连接起两个相同的数词，表示计数时以多少个为单位。这一类条目像是中西商贩之间交流的行业用语，属于做买卖时点计物件或钱币的方式：

  De dous em dous（两个两个）   一双一双 - 对
  De tres em tres（三个三个［一数］） 三箇三箇
  De cinquo em cinquo（五个五个［一数］） 一五一五
  De sete em sete（七个七个［一数］） 七箇一起
  De cento em cento（一百一百［数数］） 一百一百

（2）不雅的词语

  日常词汇当中，有那么一些上不得台面，却是生活中绝对离不开的，例如Orinar（排尿、小便）"小便 溳水 屙尿"、Orina（尿）"尿"、Caguar（拉屎）"大便"、Fazer camara（解手、泻肚）"解首 大便 大恭"、Merda（粪便）"粪 屎 大便"、Pejtar, crepitar（放屁，噼啪作响）"放屁"。这类词语在中西语言里也基本等值，对译起来较容易。能否以收或不收这一类词为准，来判别著者的教育程度或行业背景呢？恐怕不能。这类词语见录于语文词典很正常，再高雅的西洋人，也会想知道这类事情用别国语言怎么说。除了上列单词，我们还看到两个短语条目：

  Auer cor de fazer camaras（想要大便、 大便不艱計
  腹泻）
  Auer cor de urinar（想要小便）   小便不艱計

  葡语是明白的，中文的意思反不清楚。何谓"不艱計"，是指忍不住？而且，"艱"字的注音是 *nan*，似乎是误读成了字形相似的"難"。究竟是注音出了错，还是把字写错，不易断定。

  有伤风化的现象，古时欧洲和中国一样常见，中西社会舆论都视为弊端。有些表达很能对应，如Putaria（妓院）译为"嫖院"，Alcoueitar（拉皮条、当皮条客）译为"忘八 - 乌龟"，Alcouetera（拉皮条的女人）译为"嫖子"；另有Alcouitero（拉皮条的男人），未译。Molher casada（已婚女子）译为"妇人"，对应相当精准，现在也不必改，而紧接的一条Molher solteira（单身女子）对译以"婬妇贱妇"，记下的可能不止是中国人的陋见。古时西方人同样不待见女

子独身。另一词目Solteira（未婚女子），其译法尚能中性，作"没有丈夫 寡 無夫之婦"。Puta（娼妓）译为"婬婦 泼婦 賤婦 怨婦"，前三个词为中国译者所书，末了一词由西士补写，想必是从某一本中国书上读来的。再看词目Abariguado（与人姘居的），译为"有妾"，混同了两种不同的男女关系。是译者有意要等同起来，还是因为他不解葡语而出了错？中国人不能容忍姘居，西方人则视纳妾为恶俗。假定这位译者已入西教，那么在他眼里，纳妾与姘居大概就没有实质区别，属于同一类罪孽。

1.8.2 宗教词语

宗教词语很招眼，是一个显著的大类。康华伦觉得不好理解，何以会漏收一批重要的词，如Deus（上帝）、Jesus（耶稣）、Cristo（耶稣基督）、Maria（玛利亚）、Anijo（天使）、Evangelho（福音）、Caridade（爱德）。细读之后，笔者发现有些词的确未收；有些虽不自成条目，却内含于其他词条；还有些词，其实见于《葡汉词典》，是康华伦看漏了。Deus、Maria未立条，但有词目Poderoso deus（全能的上帝）、Auemarjas（圣母经）；Anijo不仅单独成条，而且有Anijo bom（善良的天使）、Anijo mao（邪恶的天使）、Arcanyo（大天使）等，也都分别立条。天主教所尚的美德之一Caridade（爱德），非但没有漏收，还出现了不止一次，只不过有两处拼法与之不同：Calidade – estado（爱德，指心性）、Calidade de cousa（善行）。在这部词典上，字母r与l、n与m、v与u等经常相混，同一个词而拼写不同，实属常见。这一类混同或能说明，抄写葡文者的语文水准不高。当然也存在另一种可能，即四五百年前的葡语不太讲究拼写规范。

上列宗教词语，可惜都只见葡文，没有写出汉语对应词。这样的条目还有许多，如Trindade（三位一体）、Benefiçio de igreia（教会的恩泽）、Bispo（主教）、Bispado（主教的职位、教区）、Vicairo（代理主教）、Confeçor（忏悔牧师）、Cristão（基督徒）、Cristandade（全体基督徒）、Confrade（教友会会员、兄弟会会员）、Cristão uelho（入教多年的教徒）、Cristão nouo（新入教者、成年受洗者）、Como cristão（如同基督徒那样）、Afilhado（教子）、Canonizar（谥为圣徒）、Conuerter（使皈依）、Cruxuficar（钉上十字架）、Alma peccador（受苦难的灵魂）、Baptismo（洗礼）、Crismar（行圣礼）、Çelebrar（做弥撒）、Benta cousa（圣

物）、Aguoa benta（圣水）、Aguoa das mass（洗礼水）、Crisma（圣油）、Comunhão（圣餐）、Consuar（圣诞夜餐）、Bespora do santo（万圣节前夕）、Cosoada（圣诞礼物）、Conuento（修道院）、Capela（小教堂），以及Adro da igrecia（教堂的庭院）、Capelo de frade（僧侣的风帽）等。

列出的多，译出的少。即使已译的，大都也是移用现成的汉语词，如Igresia（教堂）译为"寺"，Padre（神父）译为"僧 野僧"，Freyra（修女）译为"尼姑"，Bemauenturado（得真福者、成圣者）译为"神仙"，Santo（圣人）译为"仙"，Confesarçe（忏悔）译为"招認 改罪"，Loba vestido（[僧侣穿的]僧袍）译为"長衣"，Fazer oração（[宗教]祷告）译为"念經 誦經"，Pregar（说教、布道）、Pregador（讲经者、布道者）分别译为"講古""講古的"，Paraiso（天堂）、Paraiso terreal（尘世的天堂）译为"天霆""佛國"，Visitar igrejas（上教堂）译为"行香"，Mortorio（葬礼）译为"做功德"，同义的Saimento（葬礼、送葬）译为"做功德 作福"。于是，倘若不解葡文，单看纸面上的汉字，我们眼中便是一派佛与道间杂的中国宗教景象，把西教严严实实遮盖起来。直到日后创制新名、另谋译法，基督教的真容才得以破盖而出。

Saluador（救星、救世主、耶稣基督）尚无合适的译名，而以动宾式"救他"来对译。真正译出并得到沿用的宗教词语没有几个，如"地狱""十字""教門""爱衆人"，依次对应于Abismo（地狱）、Crux（十字）、Seita（教派）、Açeitar a promesa（接受许愿）。综上，可知相关条目的设立和译释发生得相当早，可能在罗明坚、利玛窦撰著《天主实录》（1584）之前。

1.8.3 航海用语

航海用语也构成一个大类。这方面的词语异常丰富，泛泛地说可以归因于时代交通方式，犹如今人编词典，与汽车、铁路、航空有关的词汇不会少收。况且那时葡萄牙是海上强国，葡语词典里出现大量的航海词汇在意料之中。说是航海用语，其实有不少在葡语和汉语里都已转为普通词汇。各类舰船的名称相当多，通指的类名较容易翻译，特型的西洋舰船则难有汉语对应词，一时只得用通名代替：

Armada（军舰）　　　　　　　　　　兵船

Nao d'armada（战船）	戰舡
Nao de carga（货船）	商舡 買賣舡 客舡
Giunco（巨型帆船）	大船 巨艦
Nauetta（小船）	小舡
Batel（小船）	三板
Almadia（一种狭长的小船）	小舡 小舟
Barca（三桅船、帆船）	船 舟 舫

名词短语Agulha de mariar（航海指针），即指南针，对译以"羅經 指南"，应该说相当准确。中国人的指南针，古称"司南"，起初并不用于航海，随着大航海时代的开启，指南针的用途才变得专一起来。"罗经"或"指南针"已属普通词，一般人也都知道，但Carta de marear（海图）的对应词"針簿"则是专业用语，非业界懂行者难以想出。Saluaje（无主之物）一词，译法虽然嫌俗，作"野東西"，意思并不错。此词今拼salvagem，指无人认领的海难物品，法律上说可归拾得者所有。器物、设施、职司、事务名等，大都可以对应：

Cousa de nao（船用器物）	舡器
Ancora（锚）	舡椗
Borda de nao（船舷）	舡边
Proa（船头）	船頭
Poppa（船尾）	舡尾
Estaleiro, porto（船坞，港口）	灣裡頭
Bara de naos（船舶停靠的港口）	灣船所在 口岸 稍船埠頭
Forão, vigia de lanterna（灯塔，没有灯火的瞭望塔）	高照
Golfo de mar（海湾、远海）	大海 巨海
Barcagem（船运费、船钱）	稅錢 租銀
Mareante（水手、海员）	水手
Piloto（舵手、驾船者）	夥長
Barquero（船主）	渡船主
Nauegante（航海者）	搭舡的

Mergulhador（潜水的；潜水者）　　　　會沫水的
Cosairo（海盗）　　　　　　　　　　　海贼

与远洋活动相关的动词也不少，如Engolfar（驶出港湾）"上大海"、Aportar（入港、靠岸）"舡到"、Ancorar（下锚、锚定）"抛椗"、Desancorar（起锚、启碇）"車起椗 繳椗 絞椗 起椗"等。有时，译释者仿佛就在场，如以"搬上崖"来对译Desembarcar（卸船、卸货），是对搬运情景的具体而真实的描绘。"灰船"，不是指灰色的船，这一条对应于Calefetar（填塞船缝），"灰"用为动词，指抹油灰。

形容词，如Nauegauel（适合航行的），译成"海路平安"，表达的意思也对，只是把客观条件变成了主观祈愿。与"平安"对应的葡语词是Bonança（风平浪静、安宁），本来特指海况。

更专门的是一些结构松散的短语条目，似乎只有行业人士或亲自走过海路者才会想到收录：

Dar a vela（张起帆）　　　　　　　　扯起篷
Amainar a uella（收帆）　　　　　　　下篷
Leuar a sirga（拉纤绳、扯拖缆）　　　扯牵
Leuar a toa（拉拖缆）　　　　　　　　扯船
Aliyar ao mar（轻船出海）　　　　　　丢水
Alastrar nao（装压舱物）　　　　　　　堕艙底
Lastro da nao（船上的压舱物）　　　　装舡底
Pende a nao（船只倾斜）　　　　　　　歪船㟼
Encalhar d'embarcação（船只搁浅）　　舡阁了
Não ir a o fundo（船沉没）　　　　　　浮
Empegar, meterse no pelago（使沉没，跌下海門
沉入海底）

Vento（风）"風 輕風 狂風"是一个普通词，并非航海专用语。但用这个词构成的短语，有些就与航海有关。除了Leste vento（东风）"東風"、Uento norte（北风）"北風"、Aguilhar uento norte（北风刺骨）"北風"、Acalmar o uento（风已止）"風静 風晴"，

还有Vento a poppa（顺风）"順風 逆風 橫風"，以及未译的Abriguar do uento（避风、躲避风暴）；加上另一些专指各种风或形容风势的单词和短语，都单立成条，如Sul（南方、南风）"南風 南薰"、Soã（沙拉拿风）"東風"、Calmaria（炎热而无风）"沒有風"、Ventar（刮风）"風来"、Ventinho（微风）"小風"、Viração（和风）"涼風"、Fazer viraçao（微风阵阵）"風凉 風清 風微"、Encalmar（趋于平静、风平浪静）"風静 風住了 風晴"，使人不禁又想起海上的生活。我们的这位兼当汉语教师的中国译释者，看来颇有海洋情结，否则不会把一个普通的动词Enjoar（使恶心、呕吐；恶心、作呕）与航行关联起来，译成"醉舡 吐浪 醉浪"。名词Tormenta（暴雨、暴风雨）和Tempestade（暴风雨）也类似，分别译为"大浪 猛浪"、"大浪 波"。

对照宗教词汇，感觉有两点很突出。一是未译出的词目很少，与难易无关，如Barco（小船）、Barcada（[量词]一船）、Dar adriza（扬帆、升旗）；二是大凡译出的词目，葡汉表达多能对应。古代中国人不乏远航的实践活动，相应的词汇也不缺乏。尤其到了明代，民间商船航行至南洋诸岛已属平常。

1.8.4 海洋生物名及其他

在一本与海洋有缘的词典上，除了航海用语，我们还会期待遇到较多与海洋生物有关的词语。这类词语的确有那么一批：

Balea（鲸）"海鳅"，汉译为鲸的古名；古时舰船巨大者称"海鳅船"，即由此来。

Leitão peixe（海豚）"海猪"，葡语词的字面意思为"猪鱼"，汉译可以说是以俗对俗。可比较另外两条：Golfinho（海豚）"白鱂"，似即白鳍（豚）；Toninha（一种海豚、小金枪鱼）"白沙魚"。

Peixe raya（魟鱼）"鯆魚"。魟鱼与鯆鱼同属鳐类。

Enguia（鳗、鳝）"鰻魚"；其下有词组d'aguoa doce（淡水的），对应于"鱔魚"。在单词的层面上，欧语多不区分鳗和鳝，英语也是以eel一词兼指二物。

Sardinha（沙丁鱼）"黄魚"，译得勉强。可能不识其类，因鱼身略呈银黄，才随口这样叫。

Linguado（鰨鱼、舌头鱼）"沙魬魚"，又名龙利鱼；俗称舌鳎、舌头鱼，得名理据与葡语词相同（lingua舌头）。

其他如Camarão（虾）"蝦"、Lagostas（龙虾）"龍蝦"、Ostra（牡蛎）"蠔"、Ameiegca do mar（海里的蛤蜊）"蚌子"、Camgruo（蟹）"螃蟹"、Bugio（海螺）"螺殼"、Caualo marinha（海马）"海馬"、Gaiuota（海鸥）"白鷺"、Ouos de peixe（鱼卵）"魚旦"等，均能妥切对译。Marisco（海贝）、Esponja（海绵）并不难译，可是没有译；Serea（美人鱼）非中国事物，照理说不好懂，反倒译了出来，作"婦人魚"。

涉及渔业的条目也不少，如Pescar（捕鱼、钓鱼）"鈎魚 漁郎"、Pescado（捕获的鱼、渔获）"魚"、Enredar（设网捕捞）"抛網 抛紼 撒網"、Enredada（[捕捞起的]一网）"一網"、Fisgar（用鱼叉扎鱼）"彪魚"。工具之类，有Rede（网、渔网）"網 紼 網"、Chumo（[渔网的]铅坠）"鉛"、Fisga（鱼叉）"魚乂"、Enzol（鱼钩）"釣鈎"、Isca de peixe（鱼饵）"餌"等。

1.8.5 商贸词汇

如今夸人趁钱，或自视富有，常说"有车有房"。退回五百年，葡语的说法是"有船有房"，见于词目Feitar da nau e casa（有船有房）；汉语对应词更可玩味，是极自由的意译，写为"财付"，即财富。船泊和住房并重，一同视为富裕的标志，似乎最有可能是海商的思维。前文说到过，书写汉字的中国译者不像是地道的读书人，因为有些字他不会写，写出的白字也多了些。另一方面，跟商贸有关的用语他却很熟，兴许是个有点文化的生意人。Aluidrar（提议、建议）、Aluidrador（提议人、建议者）二词，并不纯是商贸用语，却被理解为"打價 講價""打價的"。再看Manhoso（手段高明的、精明的），也不专指做生意，却译为"會做買賣 經紀"。Industrioso和Endustrioso（勤奋的、能干的）实为同一词，拼法小异而已，但分别立条，前者解为"會做買賣"，后者译作"善於貿易 會做生理 會佐買賣"。此公三句不离生意经，纵使不亲自做生意，也应该经常出入生意人的圈子。

商贸词汇不仅多，而且涉面广。像动词Liquidar（结算、付清）"筭明了"、Aluguar-tomar（租赁-租用）"税"、Aluguar-dar lo aluguer（出租，租给某人）"税他"、Apenhar（典当）"做當"、Desendiuidar（清偿债务）"負借酹完 还债了 酹畢所負"、Desembolsar（掏出钱包、花销）"開荷包 取出銀子"，名词Praxa（市场、集市）

"市頭"、Freigues（顾客、主顾）"主顧"、Prata fina（上等银子）"絲銀 紋銀子"、Aluguer da casa（房租）"稅錢 租納 賃錢"，以及介词短语A mayor ualia（以更高的价格）"高價"、A pezo douro（以昂贵的价格）"貴得緊"、De venda（待售、要卖的）"賣貨"、De contado comprar（用现钱买）"現買"等等，是普通人日常也会用到的词语。但下面十余条就很专门，不是买卖人用不大上：

Fazer facenda（做生意）	添貨
Ademinestrada faza（掌管货物）	管貨
Fazer cabidal（积累资本）	本錢
Aluara（许可证）	劄付
Asinado（已签署的票据）	票頭
Carta de paguo（已付票据）	收票
Conheçimeto（收据、货单）	文約 票頭
Quitação（免债证明、清讫凭证）	票頭 收票
Coretor（掮客、经纪人）	牙人
Coretagem（佣金）	牙錢
Dar a o ganho（要收益）	討利錢
Marcar prata（给银子做记号）	銀做號

只看一条Bamquero（钱庄老板、银行家），译为"倒换的"，尚不敢确定中文词义。翻至另一页，有词目Cameador（兑钱的人），也译为"倒换的"，便能断定是指兑换银钱。

Dar a refens（抵押）译为"做當"；Pinhorar（扣押）也译为"做當"，其下还有同根的名词词目Pinhoro（扣押、查封），对译以"當頭 案頭"。执行查押的是官家，具体说是"抽分廠"，为Alfamdigua（海关）的对译。今杭州上城区仍有地名"抽分厂弄"，正是明朝税收机构的遗名。因为有Defesa façenda（违禁货物）"犯法貨"，才予以查封。但查封不等于没收，尚有退还原主的可能，由是有词条Desembargar（启封、发还）"領囬 當官領"。要想赎回被查封的东西，非得用银两疏通不可，故又有词目Peitar（给钱、贿赂），译为"送銀"，再直白不过。从视为违禁、遭到查扣，到使钱行贿、发还货品，整个过程见于词典，记录的是口岸通关的情状。

商贸词汇大都可译，没有译出的词目很少，如Almotaces（度量衡监察官）、Almoxarife（税务官）。

1.8.6 武备词语

把表示武装力量和军事装备的词语整理成为一类，俨然便是一份军事用语表。

Exercito（军队）"人馬 軍馬"是总称，细分之有Gente de pe（步兵）"浑兵 陸兵"、Caualaria（骑兵、马军）"馬兵"、Gente di cauallo（骑兵）"兵馬 兵卒"、Frota（舰队）"兵船"、Guarnição de gente（驻防军）"鎮守"、Gente de guarnição（守军）"守城兵"。Guarda del Rei（皇帝的卫兵、御林军）译为"軍馬"，理解不无出入。另如词目Artelheiro（炮兵），未译。

战事，彼时略分为两大类：Guerra de mar（海战）"水戦"；Guerra de terra（陆战）"浑戦"（浑＝旱）。对于泛言打仗、进攻等的葡语词，倾向于用陆战词汇来对译，如Armar（配备武器、武装起来）译为"披掛"，Batalhar（打仗、战斗）译为"上陣"，Comater（打仗、进攻、战斗）译为"打城"，Alardo（检阅）译为"點兵統兵"。

Castelo（城堡）为中国所无，勉强译成"寨 城 营"。照此下推，Castelano（城堡主）岂不就是寨主？可惜并未译出。Fortaleza（要塞、城堡）"兵营 兵塞"、Estancia, casas de soldado（居住地，军营）"扎营 驻匝"、Almagem da armes（兵器库）"軍器庫"、Tenda d'arraial（驻军的帐篷）"將軍帳 中軍帳"、Estandarte（军旗）"旗旌"、Escuta do campo, spia（哨兵，密探）"打聽的 訪察"等，则都能觅得大抵对应的汉语词。

军事人员，上有Almirante（舰队司令）"總兵 總府"、Capitão（船长；将军）"將官"、Esgrimidor mestre（剑术教练）"教師"，下有Soldado（士兵）"兵"、Pião, soldado da pe（士兵，步兵）"兵軍"、Marinhiero（水手、水兵）"水手"、Bestero（弩弓手）"會射的"、Caluaguador（骑手）"會騎馬"，以及Companheiro na guera（战友）"同隊的兵"。Espingardeiro（火枪手）和Bonbardeiro（炮手），均译"銃手"。"家兵"即家丁，今称保镖，与之对应的葡语有两条，Acompanhador com armas（携兵器的陪伴者）和Guarda de gente（家族的卫兵）。

武器，分进攻性和防守性，汉译不甚准确：Arma ofençiua（进攻性武器）"凶器"；Armas defençiuas（防御性武器）"鎧甲"。兵器有Adagua（匕首）"鏢 短釼"、Estoque（长剑）"刀利 利劒"、Montante（大剑）"双手劒"、Alabarda（戟）"鉞斧"、Frecha（箭）"箭"、Aliyaua（箭囊）"箭筒"、Arco de besta（弓弩）"弩翼 弓"、Besta de atirar（弩；弩射）"弩"。Azaguncho（标枪）和Chusa（长矛）均译作"創"，Dardo（标枪）译为"彪創"，写的是白字。可比较Faym, picca（轻剑，长矛）和Lança（长矛），都译为"長鎗"，所写不误。具细至兵器的部件，也设有若干条，如Empunhadura d'espada（剑柄、剑把）"劒頭"、Astia de lança（长枪的杆子）"鎗柄"、Ponta de faca（刀尾、刀尖）"刀尾"。

火器，不管是古代的Arcabus（火枪），还是晚近的Espingarda（火枪、长铳），都以"鸟铳"对译。Artelharia（炮）和Bombarda（大炮）都译作"大銃"，射出的实弹为Peloro de ferro（铁弹）"銃弹"。Poluere（火药）已是普通词，译为"火菜"没有悬念。Arco de pedra（投石器）未译，可能因为中国译者对其物不熟。但Bataria de tiros（炮台）很普通，中国明明有，不知何故未见译名。

铠甲之类，如Arneis（盔甲）"鉄甲"、Coruças（护身甲）"鐵甲"、Capaseite（头盔）"铁鎧"、Adargua（皮盾）"牌"、Escudo（盾牌）"牌手"。又有Broquel（圆盾），汉译写为"碑"，显然是错字，即"盾牌"的"牌"。

涉及骑兵和骑术的条目，有Cauallo di guerra（战马）"戰馬"、Caualo de armas（披甲的马）"馬甲"、Peitoral（护胸甲）"馬胷带"、Estribo-staffa（马镫）"踏鐙"、A gineta（短镫）"短踏鐙"、Albarda（马鞍）"馬架"、Albardar（备马鞍）"掛馬架"等。

表示军事行动和战斗行为的词组，有Çercar com gente de armas（用军队围剿）"圍倒"、Armar filades（布设陷阱）"埋伏"、Embeuer o arco（拉弓）"開弓 張弓 拽弓"、Desparar artelarias（开炮）"放銃"等。甚至细腻到械斗的动作和场面，也有一系列条目，如Arancar despada（拔出剑）"開劒"、Desembaynhar（拔出刀剑）"開 出鞘"、Dar punhada（打一拳）"打一拳"、Dar cutilada（砍一刀）"砍一刀"、Dar estocada（刺一剑）"斬一下"、Lançada

（[长矛]一刺）"刺一鎗"、Estocada（剑伤）"剱刺"、Acutilar（砍伤）"斬傷"、Acutilarse（相互砍杀）"相殺"、Ensanguentado vestido（沾上血的衣服）"染着血 血污了"。这类打打杀杀的暴力字眼，很不像是出自传教士。

1.8.7 律法用语

涉及律法的条目相当多，让我们从抽象的法制概念说起：

Lej（法律），译为"法度 律 紀綱"；

Dereito ciuil（民法），译为"法度 詔"。

中国古代自有法律，即对译所称的"法度"。法度或法律，省称"法"，将其具细为可以付诸实施的条文，便有各种"律"。关于古时中国有没有民法，学界向有争议，并无定说。即使有之，也不独立作文典：民法或者相当于"紀、綱"，可理解为习惯法，所谓三纲五常，实即习惯法的伦理化表述；或者，民法就包含于国法，而国法一般说来也就是王法，因时因事拟定并公布于众，便是"詔"。

如今中西社会都既有民法，又有刑法。"刑法"一词古代就有，只是意义不同于今，指的是刑讯逼供以及为此采用的手段。《葡汉词典》上，"刑法"出现了三次，所对译的葡语词正是表示动刑：动词Castiguar（惩罚、处罚）和名词Tormento（上刑、拷打），都译为"刑法"；另有动词Atromentar（上刑），译为"刑法 度"，说明了施刑有轻重程度之分。

从法律概念到各级执法机关，中西貌似相同而实则有异，于是有时好译，有时就难觅对等的词语。抽象概念Jurisdição（司法管辖权、职权），译作"管地方"，形式上不匹配，意思倒还不误。Juiz（法官）和Julgador（审判官），各为独立词目，汉译也不同：后者译为"判官"，看起来是对等的，却容易误会为阴司之职；前者译为"官"，没有说明职能，是怎样的一类官。但这里的"官"字，也许并不是指职官，而是指作为执法机关代表的官府。比如邻里纠纷打官司，必须对簿公堂，就叫"见官"。西洋人说到Mandarim，既指为官者，也指官府。Merinho（巡视官），古指全权巡视法官，译为"巡捕"是大大降职了；若求官阶、职能大抵对等，当译"巡按"或"巡抚"。另有Corregedor（地方法官），未译。

Processo（诉讼程序）也译为"律"，按现在的说法是走法律程序。相关的条目有一大串，大都具体可译：

Litigar（争吵、诉讼、打官司）	對理
Acusar（控告）	告狀
Querelarse（控告）	投告 告訴
Demandar em juiço（告上法庭）	告狀
Fazer audiencia（审讯）	放告 坐堂
Acusador（原告）	原告
Acusação（起诉书）	詞狀
Aluidro do juiz（到庭作证）	証見人
Tabellião（公证人）	書記
Auoguado（辩护人、律师）	抱告的
Procurator（诉讼代理、调停人）	抱告 跪告 拜告 再告
Dar fiança（担保）	寫保狀
Fiar no crime（为罪犯担保）	保狀 保給
Fiador no crime（罪犯的保人）	保家 保人
Acusar falçamente（诬告）	誣告
Asaguar testemunha falça（诬赖、作伪证）	賴他 依他 靠他

这里面最有意思的是职业名称Auoguado（辩护人、律师），理解为"抱告的"，以及近义的名词Procurator（诉讼代理、调停人），译为"抱告"。相关的动词短语有Arazoar feitos（辩护），未译。中国古代司法体系没有辩护制，也没有律师一行。依据明代律法，某些原告因故不便出庭，可委托家人或亲属代理，称为"抱告"。抱告制与西式辩护制或许可以有一比，中国译者从众多诉讼用语中挑出"抱告"一词，自然是因为觉得其义与辩护或诉讼代理尚能对应。不过从笔迹看，"抱告"系译者先手写下，标有注音，"跪告 拜告 再告"则为西士后手补加，未给注音。西士补写这三个词，大概是想说明：抱告无非也是自家人反复央求，与请律师辩护终究不能比。

至此，我们所见的中西律法两幅画面，呈现的都不是全无法制的社会。而再进一步，看一系列刑名细节，两幅画面却同样惨烈，葡汉对译也较容易。最轻的是鞭刑或棍刑，如Açotar（鞭打）"打"、Açotada cousa（受鞭、鞭刑）"被打 遭責"、Açotes（[数次]鞭打）"下"、Pena d'auzotes（杖刑）"杖"、Açotado com uaras（被用棍子打、受杖笞）"杖"、Açotador（施鞭刑者）"行杖的"等条所记。Degredo（流放、放逐）"問軍"也是轻罪，重刑则有Deorelhar, tirar as orelhas（刵刑，割掉耳朵）"割耳"、Atenazar（施钳肉刑）"钤肉"，以至Pena de morte（死刑）"死罪"，如Justiçar com pancadas（判棍刑）"打死"、Degolar（割断喉咙、斩首）"割喉"、Justiçar com catana（判斩决）"斬砍"、Forca（绞刑、绞架）"吊"、Desenforcar（从绞架上放下）"解下吊死的 除下縊死的"。

与监禁有关的词语，单立成条的有Casere（监狱）"監牢"、Encarcerar（关押、囚禁）"收監"、Padesente（受苦刑者）"囚人"、Casereiro（狱卒）"禁子"、Algema（手铐）"鉄手杻"、Grilhos das maos, ferros（手铐，铁链）"手杻"、Bragua dos peis（脚镣）"脚鐐"。又有词目Desencarcerar（释放出狱），颇可留意，译为"得脱縲絏 放監 出監 脱獄 出禁"：五个汉语对应词，分两次写出，第二、第三个先写，有注音，其余为后手补写，很像西士的笔迹，没有注音。写者就这一条格外用心，会不会是因为自己就是当事人，有过进出监狱的经历？早期西洋人来华，无论何种身份，卷入诉讼都无豁免一说，所以了解中国律法十分要紧。

把形容词Demandão-litigioso（告状的-好争讼的）译为"刁民"，体现出主流社会尤其官家对某一类人的态度。好争讼者讨人嫌，古今中外皆然。名词Braguante（流浪汉、无赖）译为"光棍"，也不只是出于个人的理解，不妨比较另外三条：Enganador（骗子）"光棍 騙子"、Refalsado（骗子、不可信赖的人）"光棍 白訏"、Velhaco（奸猾的家伙、无赖）"光棍"。今言光棍，戏谑的成分多于贬损，而依照《大明律法》，光棍是一项会掉脑袋的罪名。

1.8.8 百业之名

倘若一国的从业者，其名称在另一国的语言里大都有现成的对应表达，则两国的生产方式、经济模式、百工技艺诸方面应该是基本相当的。

农牧渔猎，如Laurador（农民）"農夫"、Ouelheiro（牧羊人）"看羊的"、Vaqueiro（牧牛人）"看牛的 牧童"、Pastor（牧人）"牧童 看牛的"、Casador（猎人）"打獵的"、Lenheiro（打柴的人）"樵夫 樵子"、Pescador（渔民、渔夫）"討魚的 漁翁"。闽南话今仍称出海捕鱼为"讨鱼""讨海"，称渔船为"讨鱼船"。

Ortolão（园丁、菜农）译为"管园的 守园人"，Ortoloa（女园丁）译为"管园婆"。

以动宾式加"的"表示从事某业者，是近代汉语口语里常见的一种构词模式；而又以泛义动词"做、打、造"最为能产，构成的从业者之名分布于各类行当：

Telheiro（制瓦工）	做瓦的 窑匠
Caruoeiro（烧炭工）	烧炭的
Oleiro de porselanas（制作瓷器的匠人）	做磁器的
Çirieiro（制烛匠）	做烛的
Azeitejro（制油匠、油商）	做油的
Moidor（磨坊主）	磨麵的
Moleiro（磨坊主、磨工）	守車的
Chauero（锁匠）	打鎖匙的
Botoeiro（制纽扣者）	打紐的
Sineiro que faz sinos（造钟的人）	鑄鐘的
Bonbardero que a faz（铸炮者）	鑄銃的
Massaneiro, statuorio（模造偶像的匠人，雕塑匠）	造菩薩的
Baretero（制帽匠）	做帽的
Empressor（印刷商）	印書的
Encadernador（装订工）	釘書的

这种构词模式用起来很方便，但终究不够正式。制作行当的从业者，正式的称法是"X+匠"，X表示某业，动词或名词均可。《葡汉词典》上有两个近义的词，一为Obreiro（工人、工匠、劳动者）"匠人 工人"，既指有手艺的一般工匠，也泛称制作业内主要凭体力吃饭的普通劳动者；另一为Maccanico（= mecanico技工）"匠"，干的是技术含量较高的活计，尤指机械修造。这是两个总名，分别代表传统与新兴两大类生产活动的从业者，在当时的葡语里已能分清，而汉语对应词的义别尚不显明。西洋机械制造勃兴并渐胜于中国，也正是发生在明代。汉语称"匠"的多为手艺人，没有传统与新兴之分，例如：

Ferreiro（铁匠）	鉄匠
Lattaero（铜匠）	銅匠
Fundidor de prata（铸银匠）	銀匠
Fundidor d'outras cousas（铸其他东西的匠人）	鑄銅匠
Carpenteyro（木匠）	木匠 工師
Torneiro（车工）	車匠
Lapidario（珠宝匠）	玉匠
Esculpidor（雕刻匠）	刻匠
Açacalador（磨刀剑者）	磨刀匠
Imaginairo（画匠）	畫匠 畫工
Calafate（塞船缝的人、修船工）	修舡匠
Tintoreiro（染工）	染匠
Çapatero（鞋匠）	皮匠
Lauandeiro de paos, branquear（洗衣匠，使用木杵并加漂白）	沛匠 洗衣服的

最后一条"沛匠"，"沛"写的白字，其注音为*piau*（漂），即漂匠，或称漂布匠。另有Alfayate（男裁缝）"裁縫"，即成衣匠。未译出的很少，如Caixeiro（制作箱子的匠人），应属细木工。

现在来观察商业。经商，有坐与行之分。泛言商人或做买卖者，葡语有Mercador和Merchante两个词，都派生自动词mercar（卖或买）。细别之，Mercador多指坐商，对译为"商人"；Merchante则多指行商，译得勉强，作"販牛的"，无法涵盖跑单帮的各类行商。较接近的一个词是Regatão（摊贩、商贩）"販子"，主要指小本经营者。坐商的名目就繁杂许多，如开店经营者有：

Estalajadeiro（旅店主人）	店家 主人家
Tauerneiro（酒馆老板）	賣酒的
Padeiro（面包师、面包店主）	賣麵包的
Lagareiro（油坊主）	打油的
Carneçeyro（屠夫）	屠户
Liureiro（书商）	賣書的

上文列举的各类匠人、手艺人，倘若开有铺子，连制带售，就是半个坐商。或者是家庭作坊，制成后拿到街上叫卖，如Linhiera（卖线的女人）"賣綫的"。

医药行业，Medico（医生）"醫生"是统称，分内外科，有Chirugião（医生、外科医生）"醫生 太醫"，有Fisico（医生、内科医生）"醫生"。这是西医，中医虽然也分内外症，对从医者的名称并不作区分，译名于是也一样。另有Fisico mor（资深医师），专译成"太醫"，算是尊称。助产是一门特殊的行当，中西生活都不可少。葡语有两个词，Partera（接生婆）是民间的叫法，obstetrigo（助产士）则是专业的称呼，汉译不分，均作"生婆"。"生婆"是方言词，通言称为产婆。"藥鋪"与Botica（药房）很对等，同根的Botiquairo（药房老板）未译。

Lido letrado（博学的读书人）"儒者"并非职业，而是一个阶层。但"史官"是一门职业，又是一项官职，非儒者不能胜任，与之对译的葡语词有三个，在西方未必是官职：Coronista（编史者），Estoriador（讲述者、历史家），Escriuano de historia（史书的著者、撰史者）。需要具备读写技能的职业有好几门，如Notario（书记官）"書手"、Escrivano sumpto（记账的书记员）"書手 先生"、Contador（会计）"會算數的 筭手"。Mestre（教师、师傅）是多义词，汉译处理为"先生 師傅"，很得当。Ayo（家庭教师）是单义词，译为"先生"；Aya（保姆）译为"乳母"，意思相去也不远。

衙门当差的，或为大户人家干活的，名头很多：

Rolda（巡逻者、守夜者）	守的 照應之人
Sineiro que tange sinos（敲钟的人）	打鐘的
Porteiro（看门人）	把門的
Abanador（扇扇子的人）	打扇的
Mensageiro（信使）	走報的 報事
Porteiro que cita（传讯跑腿的小吏）	皂隸 手下
Careteiro（车夫）	車夫
Acaretador（载运者）	挑担的
Almocreue（脚夫）	驢夫
Despensiero（管事、管家）	庫子 管庫房的

Moço d'espolas（送信的仆人）　　　　跟随的
Criado que serue（男仆）　　　　　　家人仔
Criada que serue（女仆）　　　　　　丫頭

从事杂艺者，有Astrologo（占星术士）"曉天文的 識天機"、Adiuinho（占卜者）"會占卜的"，即算命先生、风水先生之属。民间艺人，提及的如Bolteador de corda（走索的人、走绳索的表演者）"行索的"、Figura d'auto（戏剧演员）"戲子"、Mestre que ensina cantar（教唱歌的老师）"戲師"、Cantadeira（歌女）"會唱的 善歌"、Folião（艺人、演员）"会弹唱"、Violeiro（提琴手）"弹琴的"。具体而言，演奏者又分Tangedor, com dedos（演奏者，用指弹）"會弹的"、Tangedor, com manos（演奏者，用手敲）"會打鼓的"、Tangedor de flautas（吹笛手）"會吹的"。

1.8.9 食物名称

从这一大类词语可以得知时人的饮食结构，中西大抵相同，葡语词多能译出。先说鱼，肯定是菜肴，否则不会有条目Escamar（刮鳞）"剗鳞"、Escamado（去鳞的）"剗了鳞 去鳞"、Espinha de pexe（鱼刺）"魚莉"、Fritto peixe（煎炸的鱼）"煎魚"等。制作鱼干，常用墨鱼，故有条目Siua, secce（墨鱼，晾干的）"炕魚 燻魚 薰魚"。"炕魚"（烟鱼），即腌鱼、咸鱼，可比较Chachina（咸肉）"燻肉 煙肉"。

更讲究的是肉食。Vianda（肉食）译为"味"，即美味、菜肴。根据出肉的部位，有Entrecosto（排骨肉）"胳條"、Lombo（脊肉）"脢肉"等。看肉畜的种类，感觉葡人区分尤细，如Carne de ueado（鹿肉）"鹿肉"、Carne de uaca（牛肉）"牛肉"、Carne de uitella（小牛肉）"小牛肉"、Carne de carnejro（公绵羊肉）"綿羊牯肉"、Carne de bode（公山羊肉）"羊牯肉"、Carne de cabra（母山羊肉）"羊肉"、Carne de ouelha（母绵羊肉）"綿羊肉"、Carne de cabrito（羔羊肉）"小羊肉"、Carne de porco（猪肉）"猪肉"、Carne de porco de montes（山里野猪的肉）"山猪肉的"、Titella de gallinha（鸡胸脯、鸡肉）"白肉雞"。

蔬菜类，如Couue（甘蓝）"隔籃菜"、Espinafre（菠菜）"菠菠菜 扯根菜"、Porro（韭葱）"韭菜"、Mostarda（芥菜、芥子、芥末）"芥菜子"、Rauão（萝卜）"蘿蔔"、Biremzela（茄子）"茄"、Espargo（芦笋）"莉笋"、Coentro（芫荽）"芫荽子"、Pipino（黄瓜）"黄瓜"、Aboborejra（南瓜）"飽藤"、Inhame（薯蓣类）"甜薯"。Alfasa（生菜）译为"萵菜"，实则词义大于后者。Talo d'alfaças（莴菜的茎干）"萵菜心"，即莴笋，也多生食；或可煮食，如Alfaça espareguada（炖煮的生菜），译为"萵菜煮的"。补遗中收有Achar（腌菜）"酸菜"，葡语现在仍用此词指酱菜、泡菜等。

Alho（大蒜）"蒜"是常用作料之一，另有词组Dente d'alho（蒜瓣）"蒜板"、Restia d'alhos（一串蒜）"蒜把"。其他调料如Ginciure（生姜）"薑"、Çebola（洋葱）"葱"、Erua doçe（茴香，字面义为甜草）"茴香"、Pimenta（胡椒）"糊菽"、Canela（桂皮）"檜"。未译的有Acapara（刺山柑）、Noçe muscada（肉豆蔻）。

主食类中，中国人最离不开的无疑是Aroz（稻米）"米飯 禾"。另一词目Comida（食物、饭食），既泛指吃的东西，又特指餐食，也以"飯"来对译。餐具当中，数筷子最特别，西士肯定会注意到，琢磨怎样表达：正文有"快子 筯"，对译为Faixas de comer（吃东西用的小木棍），还不是专名；补遗中又出现Faxas（小木棍）"快子"，似乎在向专名靠拢。葡语今称pauzinhos（筷子），其本义也是小木棍。

Aletria（通心粉、面条）是西洋面食，译为"索麵"。索面是一种撑长拉细后晾干的面条，俗称长寿面，本为浙南特产，也许译者到过当地，也许此物传到了周边省份。Pão（面包）"麵包"自然是西食，译名已很稳固，又见于条目Forneiro（烤炉匠）"麵包鋪"、Padeiro（面包师、面包店主）"賣麵包的"。面包及其烘烤法传入中国，或说就在明末。用来发面的Fermento（酵母）"酸麵"，则是中西都有的。

点心类，如Empada（馅饼）"肉包"、Filhoos（油炸蜜糖蛋饼）"熯米團"、Malassada fritada（鸡蛋煎饼）"熯旦"，译名与实物或多或少有出入。未译出的有Biscoito（饼干）、Bolo（饼、糕）。"點心"一词，南方话有二解，因此对应于Merenda ou almorso（点心或午餐）。① 把Cousa de leite（乳制品）译为"乳做的"，只是解释了意思，还不是在构思译名。Queiso（奶酪）译成"牛乳"，也不到位。直至十九世纪英美人来华，英语的cheese很长一段时间里仍译称"牛奶饼"。"奶酪"是晚起的词。

用作食材的竹笋不见于本词典，Bambu（竹子）"竹"在补遗中才出现。连Cha（茶）"茶"也是补收的一条，没有更多的相关条目。这些或许也能当作旁证，说明编修这本词典的西士来华不久，刚刚浸入日常生活。而中国译者也是刚刚接触西洋物品。见到"茶鍾"，我们会猜它与品茗有关，但这个词是Copa（酒杯、高脚杯）的对译，酒具竟变成了茶具。又以"茶鍾"对译Escudella（木钵），同样勉强。

1.8.10 果品与酒类

中西果品名类纷繁，多能相通，如Pero（梨）"梨子"、Pessico（桃子）"桃子"、Romã（石榴）"石榴"、Laranze（甜橙）"柑子"、Limão（柠檬）"酸柑"、Çidra（香橼[果]）"香圓"、Melã（香瓜）"香瓜"、Cana de açucare（甘蔗）"甘樜"、Jaca fruita（木菠萝）"菠蘿蜜"、Giogiole（枣）"棗子"、Amora（桑葚）"桑子"、Castanha（栗子）"栗子 栗子樹"、Nozes（胡桃）"佛桃"、Miollo da noz（胡桃仁）"佛桃肉"等，都可对应。另有中国特产的Licja（荔枝）"荔枝"、Licjejra（荔枝树）"枥枝樹"，录于补遗。但苹果没有出现。Çereja（樱桃）、Çereseira（樱桃树）、Çeresal（樱桃园）三条，均阙译。这是洋樱桃，中国原有的樱桃生长于偏北地区，华南人也许不识。还有几种南国的果品，见于补遗：Arequa（槟榔）"檳榔"、Jaca（面包树果）"桴欏蜜子"；未译的有Mangua（芒果）、Manga salgada（盐渍芒果）。

以下三条可存疑：Figo da India（印度无花果）"芭蕉"、Fuguera（无花果树）"蕉樹"、Figo passado（无花果干）"蕉乾"。我们熟悉的无花果属于桑科，与别名梨果仙人掌的印度无花果非一物，去芭蕉更远。再看另一条Figo de [……]"無花菓 番蕉"，葡文模糊不清，同样有疑。"番蕉"是铁树的别名，这里似乎是用作说明语

---

① 吴语说"吃点心"，就是指吃午饭；而街上的"点心店"，则是卖大饼油条、生煎馄饨之类的小吃店。对客人说"点点心"，是周到有礼的表示，意思是先用零食点下饥，正餐在后头。

（铁树之花状若果实，与无花果一样也属隐头花序），并不等义于无花果。由此再看上面三条，其中的"芭蕉""蕉"或许是一种形容的手法，而非与葡语词相匹配的译名。

出现得最频繁的水果名是Vua（葡萄）"葡萄"，相关的单词和词组也最多，有Vide（葡萄树）"葡萄樹"、Bago de uua（一颗葡萄）"一颗葡萄"、Cacho de uuas（一串葡萄）"一朵葡萄"、Vua secca（葡萄干）"葡萄乾"等。欧洲人主要用葡萄制酒，日常说到酒，指的便是葡萄酒，这一点从汉译丝毫看不出来：

Vinho（葡萄酒、甜酒）	酒
Vinho uelho（陈年葡萄酒）	老酒
Adegua de uinho（葡萄酒房）	酒房
Aguoar o uinho（往葡萄酒里掺水）	渗水
Vinho aguado（兑了水的葡萄酒）	酒渗水
Encubar, agasalhar vinho（把酒装入桶里，贮藏葡萄酒）	收起酒 酒澈

与酒业有关的词条，还有Fez, borra（酒滓，酒渣）"酒脚 酒底"、Torno de pipas（酒桶的旋子）"鑽"、Botoque de pipas（酒桶的盖子、塞子）"紐盖子 丐子"、Arco de pipas（酒桶箍）"箍"等。李白早有诗赞"葡萄美酒"；明人谢肇淛撰《五杂俎》，称"北方有葡萄酒"，与顾起元《客座赘语》所云"关中之蒲桃酒"应指同一物。其酒或从中亚输入，或为中国原产，都不同于明末由海路来的葡萄酒。

啤酒正式传入中国很晚，但葡语的啤酒之名已见于本词典，只是没有译出：Çerueja de beber（饮用的啤酒）。制作啤酒的原料Çeuada（大麦），单立成一条，也不见汉语对应词。

1.8.11 病痛疾患

泛言的如Doença（疾病）"疾病 病恙 厥疾"、Doente（患病的、虚弱的）"病 病患"、Doentia cousa（病痛）"瘟瘴嵐 瘟疫 嵐瘴 山嵐瘴氣"、Febre（发烧）"傷寒 發热"、Desenfeitiçar（逐蛊、驱邪）"醫蠱病"、Enfermeiro（诊疗、医护）"醫治 療病 調理病 醫病"。Enfermaria（诊疗所）译为"養病所在 將息之所"，是解释而非对应词，那时汉语还没有"医院""诊所"等词。但另一条与之同义的Esprital（休养所），给出了对应词"養济院"，那是明代官办的慈善机构。

　　各种病症的名称收录颇多，如Asma doença（哮喘病）"咳病"、Peitoguera, tussis（胸痛，咳嗽）"内傷 痨"、Tisico（痨病）"内傷"、Caguaneira（腹泻）"瀉"、Almorema（痔疮）"痔瘡"、Alporça（瘰疬）"瘰癧"、Burbulha（疱疹、水疱）"熱癊 汗疥"、Bexiguas（天花）"出痘子 出疹子"、Doente de figado（肝脏不适）"肝疼"、Dor de cabeza（头痛）"頭痛"、Tinha（癣）"爛頭"、Sarna（疥疮）"疥瘡"、Comer a çarna（疥疮发痒）"瘡痒"、Bobas（脓肿）"木綿疔"、Peste（瘟疫）"瘟瘴"。痛风也是常见病，Gota coral（痛风）"風症 羊兒病"和Doente de gota coral（痛风病）"揚風病"是同义条目；又有Gota dos pes（脚痛风）"脚心疼 脚掌疼"、Gota das maos（手痛风）"手心疼 手掌疼"等。Doente dos olhos（眼睛不适）指一般眼病，译为"眼疼–眼疾"；更专门的Cataratas dos olhos（白内障）则未译出。

　　Catarrão和Cadarão是分立的两条，实则是同一个葡语词，指感冒，而一处译为"傷風"，另一处译作"痰病 風痰"。Lombrigas doença（虫病）指蛔虫之类引起的腹痛，对译以"心痛"，即肚子痛，一如胃痛俗称烧心。相关的词目有Lombrigas bichos（蚯蚓虫、蛔虫），对应词为"肚虫"。Maletes, terçaas（间歇热、间日热）和Maletes, guartaas（间歇热，三日疟）都属间歇热，分别译为"兩日一遭冷熱""三日一遭冷熱"，是描述症状而非拟定译名。Lepra（麻风病），译称"癩疾"，相关的词条有Leproso（患麻风病的）"生癩"、Lazaro（麻风病人）"瘋疾"。Mula doenza的字面意思是骡子病，汉译"便毒"，实指一种性病，导致下体淋巴结发炎。

　　医治手段方面，Pirulas（药丸）"藥丸"、Emprasto（膏药）"膏藥"、Purga（泻药）"瀉藥"等中西皆有，古今名称亦同。Botão de fogo（拔火罐）中西也都有，译为"灸"。但"针灸"一词不见于本词典，"针"字也不用于针灸器具之义。另有词目Tenta de fisico（医生用的探针），无汉语对应词，只写有注音*pan*，所指不明。Cristel（灌肠剂）应是西医使用的药剂，未见译名。

1.8.12 迁徙殖民之迹

如前文所举，十六世纪葡语的航海词汇已很丰富，足可昭显葡萄牙的海洋大国身份。但航海只是途径，经商获利才是一大目的。还有一个目的也同样重要，即军事征服，伴随而来的是殖民。在开通亚洲航路之前，葡萄牙已在西非佛得角建立殖民地。下面三条便与贩奴有关：

Negro cattiuo, negra（俘获的黑奴，女黑奴）奴婢 奴豺
Fujão, seruas fugitiuas（在逃者，逃走的　　逃走奴仆）
Forar escrauo（释放奴隶）　　　　　　　放出

明朝盛时，郑和曾率师远航至东非，也许已经知道何为黑奴，但中国译者好像不识，因而译法有些走样。此外如词目Alforia（释奴），未译出。又有一条Liuro home（自由人），未写汉字，但有注音 *cu cu' ti*，似为"雇工的"。这些词语漂洋过海而来，其立条与汉语没有多少关系，保留下来也不是为汉语考虑。

渡海舶来的词语，还有Coquo da india（印度椰子）"椰子"、Figo da India（字面义：印度无花果）"芭蕉"，以及未译出的Catre da india（印度帆布床）。印度是传教士来华的第一大中转站，其国名India（印度）"西洋"和族名Indiano（印度人）"西番"成为词条，并不让人觉得意外。接下来的一个中转站是菲律宾，因此有词条Moro（摩尔人）"墶子 囬囬"，指久居菲律宾的伊斯兰徒众。出人意料的是Misso"醬"，系"味噌"（日式豆面酱）的拉丁转写。这个日语词见于补遗，单立为条；此外，补遗中还有地名条目Jaspão（日本）"日本 東洋"，这些应该与耶稣会进军东亚的路线有关。在东亚，日本是沙勿略最先踏足之国，留居播教两年后才驶来南海，于1552年夏抵达今台山上川岛。其时明朝海禁甚严，广东沿岸尚不对外开放，沙勿略欲登陆中国未果，当年底因病卒于该岛；越三载，方有罗明坚、利玛窦继承其遗志，启动中国之行。

殖民活动，意味着Desterrado andar（远离故乡）"離鄉 別家"，以至Desnaturarse（放弃国籍或公民权）"拋親棄祖 離鄉出家"。有意思的是词目Pouoar（定居、移民），被意译为"起多房子"。与建

造房子有关的条目，如Fundar casa（给房子打地基）"起墙脚"、Edificar casas（盖房子）"起房子 造居 竖造"、Fabrica（制作、生产）"起房子 做房子 起屋"、Forrar casas（给房子上木板）"盖板"、Telhar（铺盖瓦片）"盖瓦"等。这一类词语并不能告诉我们殖民的地点，但词条Nação portuguese（葡萄牙国民）"番人 夷人"和Mestiço（混血儿）"土生宰"，以及补遗中的地名Maquao（澳门）"蠔镜 湾"和Am sam（香山）"香山"，却把我们的目光引向一块熟悉的中国地域。明人称澳门为"蠔镜"或"蠔镜澳"，取意水澈如镜，盛产蚝蚌。澳门，省称"澳"，"澳"即湾，能够泊船登岸的浅海地区；而那时澳门所属的行政辖区，便是广东香山县。

于是，我们可以将《葡汉词典》的航行路线大致复原如下：始发国为葡萄牙，许多葡语词目展现的正是大航海时代欧洲社会乃至葡属殖民地的真实面貌。之后，航经印度半岛、马六甲海峡，包括北上绕道日本，这些地方的风土物产必然会在词典的条目中留下些许踪迹。澳门是这本词典跨洋旅行的最后一站，著者对中国的了解便止步于南疆沿海。除了香山、澳门，补遗中还有三条中国地理名称，紧排在一起：

China（中国）　　　大明國　唐人
Cantão（广东）　　　廣東
Chincheo（漳州）　　漳州

正文和补遗中都未见中国内陆的任何地名。就连京城，不论南京或北京，也没有哪一条目涉及。至于澳门、香山、广东、漳州，这四处地名的接连出现则不令人意外。其中漳州一名为欧洲海商熟知，可能比澳门还要早。十五世纪中叶，漳州月港兴起为中外通商口岸。一个世纪后，明朝政府虽然力推海禁，但仍允许在漳州开设洋市，一时"闽人通番，皆自漳州月港出洋"。① 甚至有民间富商，私造大船以出洋贩货谋利，也不是罕闻："嘉靖二十六年……漳州月港家造过洋大船，往来暹罗、佛狼机诸国通易货物。"② 一方面有西洋船只东来，一方面有中国船只渡海，两条航路交会于南洋，使得南洋诸岛成

---

① 语出佚名氏《嘉靖东南平倭通录》，录于明人徐学聚辑撰的杂史。
② 周弘祖《海防总论》，为顾炎武《天下郡国利病书·福建》所引。

为早期中西交往的要地。如在菲律宾,十六、十七世纪之交已有数万华人常居,以马尼拉为中心形成相当规模的侨民社会。这些华人多数来自福建,日常交流说的是以漳州话为标准音的闽南话。传教士为学中国话而编撰汉语语法,便肇始于这一时期。根据近年发掘的材料,西班牙佚名教士的遗稿《漳州话语法》(1620)是此类汉语语法书兼语言课本当中最早的一种,其产生地却不是福建的漳州,而是菲律宾的华人社团。①

1.9 《葡汉词典》上的中国词

中国词,即通过音译方式而输入外语的汉语词。最古的例子之一是"丝",早在汉代就经由中亚传至南欧,在古希腊语和拉丁语里留有译名。这之后,历经转译与传播,才有今天欧洲各语言的丝绸之名,如英语的silk(丝、丝绸)。关于silk一词的古典来源,现代英美大型的英语词典一般都有说明,这里无须细述。《葡汉词典》编撰的年代,适值海上丝绸之路开启,今人浏览这本词典,会很期待其上出现一批中国词。但我们要把正文与补遗分开来看。在《葡汉词典》的正文中,几乎见不到中国词,这是因为编撰者主要是从葡萄牙母语词典上提取词目,再将这些词目译成汉语,而彼时鲜有中国词传入欧洲,能被各国的母语词典收录。补遗则大不一样,是后继者的续作。不管这位续作者是谁,他都因为直面大明王朝,中国的事物成批涌来,而感到词汇急需补充。这样,就出现了一些中国词,除了前述沿海诸地的名称之外,有两类名称特别显目:

一是行政或军事区划之名,如Chhien(县)"縣"、Cheu(州)"州"、Fu(府)"府"、Guei(卫)"衛";二是政府机关或职官之名,如Am cha si(按察司)"按察司"、Cha ien(察院)"察院"、Chun pim(总兵)"總兵"、Co lau(阁老)"閣老"。②

物名不多,有Cha(茶)"茶"、Licja(荔枝)"荔枝"、Da chem(戥秤)"厘頂 銀秤"。茶是中国的特产之一,《葡汉词典》的著者似乎尚不识其物。正文中虽然两度出现"茶鍾"一词,却是用

---

① Klöter(2014)。

② "阁老""察院""按察司""府""州""县"诸名,见于《利玛窦中国札记》第一卷第六章"中国的政府机构"(利玛窦、金尼阁1997:44–63)。

来对译Copa（杯具、酒杯、高脚杯）和Escudella（木钵）。看来著者还只顾及杯具的样式或外形，并不分辨其功能。到了补遗，才添加了"茶"字条。这一条颇具象征意义，意味着开始接触中国的物产，体察中国人的日常生活。但终究限于浅尝，譬如对中国茶的种类，补遗的作者也还来不及认识。这些要等到后来的《汉法词典》和《官话词汇》，其编撰者见识了中国人如何品茶，才会给予详细的记录。

说起中国词，有一个词要交代清楚，那就是Mandarim（也拼作Mandarin）。关于该词的来源，坊间不无揣测，或以为它是汉语"满大人"的音译。这样的回译虽然生动有趣，却不适用于本词典编写的年代。十六世纪末叶还不是清朝的天下，要叫也只能叫"明大人"。学界一般认为，其词来自印度，可能是梵语的mantrin或者兴都斯坦语的mantri（顾问、大臣）。葡萄牙人最早是从印度人的口中听到这个词，见它与葡语动词mandar（命令）不但音近，意思也相通，便顺手拿来称呼中国官员，"于是，欧洲人为中国人发明了一个连他们自己也不认得的词"。约在1630年，Mandarin传入了德语，其他欧语或早或晚也都接受了该词。①

貌似中国词的Mandarim，在《葡汉词典》上的使用频率极高，见于正文八次，补遗三次。我们先来看补遗所录的三例，均为名词和名词短语，所指很清楚：

（1）Mandarim（官员、官府）"官府 老爷 老爹"②；

（2）Mandarim d'armada（军事官员）"武官"；

（3）Mandarim de letras（文职官员）"文官"。

第一例是关键。从汉语对应词可知，Mandarim既可指官员个人，又可指权力机关。实则只用一个"官"字，就能把官员与官府二义概括起来。

散见于正文的八例较为复杂，大都带有扩展语，仅凭所写的汉字难识究竟，须将葡文读通之后才能明白含意：

（4）名词短语Pompa de mandarim（官府奢华的排场），对译为"执事"，即官员例行活动必须配备的全套仪仗，如击鼓升堂、鸣锣

---

① Kluge（1975：458）。

② 补遗所写的汉字都未加注音。但也是在《利玛窦中国札记》第一卷的第六章里，恰能见到"官府"（Quan fu）、"老爷"（Lau ye）、"老爹"（Lau tie）三个词，且都标有注音（利玛窦、金尼阁 1997：48）。

开道之类。在西洋人看来，这些只不过是在追求场面效应，并无多少实际用途。

（5）动词短语Enterceder aguoal, a mandarin（向某人求情，向官员诉求），对译为"勸赦 求宥 告"。

（6）形容词Fiel（忠实的、忠诚的），译为"忠直 良"，意义和形式都对等。由此引出词组de mandarin（指官员），译为"忠臣"。

（7）由分词转化而来的形容词Despachado（已发送的、已派遣的），指人员遣派、公文递送等，译为"發了"。其后补写有词组de mandarin（指官府），强调是官家处理事务的用语。

（8）动词Mandar, impero（命令，吩咐）"教"，下接两个词组：de mandarim（官府的）"差"；de Rei（君王的）"敕"。这一条区分了三个近义的动词：表示使令，一般的说法是"教"；如果是官府让人做事，就说"差"；而如果是皇帝要人如何，则说"敕"。

（9）名词Officio（职业、职务），译为"手藝"，意思是从事哪一行，会哪一种本领。也带两个词组，作用同上一条：de mandarim（指官员）"戥分"，即职责的范围；de mecanicos（指工匠）"匠"，即某一行当的技能。

（10）动词短语Notar cartas, de mandarim（起草文书，指官员），对译只用了一个字"講"，盖指当事官员口述信文、判词等，而由书手笔录于纸。

就这样，一个从其他语言借来的词，却因为与中国事务关系绝大，多次出没于正文与补遗。著者反复念叨Mandarim，所关心的问题不外一个：怎样与中国官府打交道。为此不仅要熟悉办事的手续、公文的类型、拜会的规矩等等，还要了解主事者的职权、脾性、嗜尚，以便交接中能投其所好。当然，第一步得先把中国话学到手。中国话多种多样，传教士来华途中在菲律宾接触到的漳州话，便是福建地区有影响的方言之一。不过，大明国的国语并不是漳州话或闽南话，也不是粤语或任何其他区域性的方言，而是官话。当年教西士说闽南话的中国师傅，告诉洋学生：你所学的是"唐人话"。① 过去称唐人话或唐话，也就是中国话，而在海内可以沟通方言、在海外能够代表中

---

① 17世纪初的《汉西词典》写本上，有句子"教我呾唐人話 ca goa ta tung lang oe."（Chirino 1604: 60）。我们从动词"呾"（说、讲）以及全句的注音可知，编写者所说的唐人话是闽南话。

国话的唯独官话。至迟从唐代起，国人对民族共通语便有一种认同，不论来自哪个方言区的人们都视官话为标准音，称之为"正音"。"官话"与"正音"几乎是同义的概念，可以相互替换。请看最后一例：

（11）Falla mandarin（官府的语言），"官話 正音"。

就功能而言，官话与今天的普通话相当，二者都属于通言。尽管那时会讲官话的人远不及今天会说普通话的人多，官话的地域差异也显著大过现在的普通话，但这些并不影响官话作为标准中国话在人们心目中的价值。官话是官府的办公语言，也是异地任职的官员彼此之间以及官员与地方百姓之间必不可少的交流工具；无论在朝廷内还是在公堂上，都要说官话而不说方言，起草文书、发布公告等也须写官话而不写文言，更没有书写方言的可能。这一系列做法由来已久，表面看来是选择性的偏向，实则已成为整个中国社会的语言生活习惯，不言自明而逐代相续，大有利于巩固官话的正统地位。这一切来华西士都看在眼里，虽说日常接触最多的可能是闽粤方言，也舍得花力气把当地方言学好，但官话优先的原则始终不变，在涉及汉语教学和研究的著述中得到体现。《葡汉词典》便是一例，其上隐隐贯有一个官话优先的理念：如果一条葡语所对应的汉语词有两三个，一般先写官话词，再写方言词。秉承官话优先的原则，也意味着译释过程中对汉语词的语体有所考虑：一个条目里面，如果口语词和文言词同时出现，则文言词通常靠后。

1.10 小结

在已知的西洋汉语词典当中，以《葡汉词典》为最早，存录有近代葡汉两种语言和文字的材料；编纂年代应为十六世纪晚期，其时东西航路开启未久。从数千条葡语词目和相应的汉语译释，我们可以约略窥知明清之际西洋人学习汉语的努力，中国人把握欧语词义和词性的探索，欧汉双语词典编纂设计的起步，以及中西文化、经济、商贸、技术等接触之始的种种生动景象。

《葡汉词典》原稿无署名，著者可能是某个葡萄牙海商，也可能是搭商船东来的传教士；或者商人与教士都曾出力，把各自感兴趣的词目写入词典。同时，自始至终有一位文化程度不高、但懂葡语的华人参与词典正文条目的对译,并将译出的中文写为汉字,然后由西人草拟注音。词典正文截止的年头,明王朝海禁尚严,稿本转入行将赶赴中国的耶稣会士之手。接手该稿的耶稣会士,或许就是罗明坚、利玛窦,一边续作补遗若干页,另请中国儒生书写汉字,一边浏览正文,在原有对译的基础上添加汉语词,并亲笔写下中国字。

《葡汉词典》是一件处于流动过程当中的半成品。编著者、译释者、书写汉字者各有其人,有时还不止一位,参与有先有后。一方面,正文有大量葡语词目空置,接手者并无兴趣尝试补译;另一方面,对已有汉译的条目会一再即兴添加新解,以至意思相近或语义关联的汉语词汇形成堆积。此稿在少数耶稣会士手中流转了不几年,看来没有人打算将其改编为一部汉语学习词典。很快它便失去了利用价值,被教会图书馆收为藏品,直到三个世纪后解除尘封。

二 《汉法词典》（1670）

前文讲到，西洋汉语词典以产生于16世纪80年代的《葡汉词典》为最早。略晚于此，有一部《汉西词典》（*Dictionarium Sino Hispanicum*）①，用中国传统的义类法编成。其抄本之一收藏于罗马安吉利卡图书馆，作者、年代、编写缘由等信息俱全，品相也堪称上佳。署名编撰者为耶稣会士齐瑞诺（Petrus Chirino 1557—1635），落款为1604年4月30日。从正文前的题记可知，当时旅居菲律宾的华侨已达四万之众，而齐瑞诺就是在来华途中留驻南洋期间学的汉语，没有历史记录显示他后来到过中国。由于是一部写本，《汉西词典》流传有限，和《葡汉词典》一样，直到现代才进入研究者的视野。这里要讨论的《汉法词典》（*Dictionaire Chinois & François*）则不同，它是欧洲人印制的第一部汉欧词典，附载于基歇尔《中国图说》法文版（1670）书后。不单独作为一册出版，可能是有关人士嫌其单薄，而且来源不明，既没有署名，也没有前言、后序或题记之类。

以如今所知的成稿年代为序，紧随《汉法词典》之后的便是出自道明会士万济国（Francisco Varo 1627—1687）之手的一部西班牙语—汉语词典，即《官话词汇》（*Vocabulario de la Lengua Mandarina*，见本文之三）。论收录词语之丰富、释义之精当、注音之妥帖，以及体例之完备，《汉法词典》都无法与《官话词汇》相比，但就因为是印本，《汉法词典》在十八、十九世纪反倒为西方学界熟悉，而见过《官话词汇》抄本的人没有几个，《葡汉词典》《汉西词典》更是罕有人提及。

十九世纪初，阿德隆编撰《语言大全》，在第一卷里叙述他所了解的欧洲汉语研究文献时提到了这本词典，提供的出版信息如下："《汉法词典》，由达尔盖作为附录收进基歇尔《中国图说》，324—367页，1670年出版于阿姆斯特丹，使用拉丁字母"。②今天我们在基

---

① Chirino（1604）。

② Adelung（1806：53）。

歇尔《中国图说》法文版上见到的《汉法词典》，出处、页码等与此丝毫不差。

2.1 《汉法词典》印本、著者及其他

《中国图说》（*China Illustrata*）是西方汉学史上的一部名著，1667年发表于阿姆斯特丹，作者为罗马耶稣会学院东方语言教授基歇尔（Athanasius Kircher 1602—1680），著述语言用的是拉丁文。"中国图说"是简称，汉译又作"中国记述""中国礼俗记""附图中国志"等，完整的书名则可意译为"中国记事，包括圣教文献和世俗事务、自然万类和百工技艺，附有各类题材的插图"。全书分作六个部分，前三部分回顾西教入华史，对"圣教文献"即景教碑着笔尤多，并介绍了周边国家与中国的交往；后三部分讲述中国诸事，谈及政治文化、山川地理、动物植物、建筑艺术、语言文字等。

《中国图说》问世三年后，法译本（1670）在同一地出版，内容略有增补，书名扩展为"耶稣会士基歇尔笔下的中国，包括圣教文献和世俗事务，以及关于自然和艺术的大量研究，并且附载若干插图；另附有尊贵的托斯坎纳大公爵出于好奇，新近向到过中华大帝国的教士约翰·白乃心再度提出的一些问题，以及一部从未面世、无比珍稀的汉法词典"。这位公爵问了十个问题，想知道中国究竟在哪里、赴华路线怎样走、鞑靼人与中国人的关系如何、长城到底有多长、马可·波罗旅华所述是否真实等等，对此耶稣会士、奥地利人白乃心（Jean Grueber 1623—1680）尽已所知一一予以解答。这类问答与语言学的关系不大，但法译者所看重的那部汉法词典确实弥足珍贵，属于今人考察早期西洋汉语研究史不可忽略的原始资料。也正是这部词典，引起了笔者的研究兴趣。

《中国图说》已有中译本（2010），系根据英文版（1987）转译，书后收录了《汉法词典》（426—521页）。但这一附录无法用作研究材料，因为它只是照刊原文，既未将汉语词目的注音还原为汉字，也未译出法文释义或作任何注解；且转录中出现的注音讹误极多，如全篇的第一个字头Ça便误为Ca。欲一睹《汉法词典》的真貌，非得获取《中国图说》法文本。笔者最早是在法国"数字医学图书馆"（Bibliothèque numérique Medica）的网站上见到《中国图说》法文版扫描本，其上第324—367页便是《汉法词典》。

《汉法词典》的编纂者是哪一位来华教士，目前尚难定论。一说出自耶稣会士卜弥格（Michel Borm 1612—1659），一说可能为利玛窦、郭居静（Lazare Cattaneo 1560—1640）所编。[①] 但卜弥格是波兰人，利玛窦、郭居静是意大利人，他们的母语都不是法语，编写汉语词典何以要用法文释义，而不用当时更为通行的拉丁文？这是一大疑窦。须知，在早期传教士中间，法文甚至不及葡萄牙文通用。不妨换一个角度，站在出版者的立场上考虑问题：既然推出的是法文版《中国图说》，那么附录一部用法文释义的汉语词典就不仅是合适的，而且能为译本增色，获得胜过拉丁文原本的新奇效果。所以，会不会还有这样一种可能：这部汉法词典是应《中国图说》法文版编者的要求，从某一册汉欧词典的稿本译出的？释义的原语，也许是葡萄牙文、西班牙文或意大利文，也许是拉丁文。不过这些都属于猜测，在此著者的问题我们就放过不究，把考察的重点放在文本本身上面。

2.2 编排方式

《汉法词典》虽不是第一部西洋汉语词典，但在已知的欧洲汉学著述中，它是迄今所见的西洋汉语词典印本中最早的一种。其手稿藏于何处、是否已佚，有没有过抄本，都不清楚。从译释的路径来看，《汉法词典》与《汉西词典》为一类，都以汉语词目立条，配备欧语释义，属于汉欧词典；反之，《葡汉词典》和《官话词汇》是以欧语词目立条，配备汉语释义，属于欧汉词典。就文字的载体来看，《汉法词典》与《官话词汇》为同一类，设立的汉语词目不写汉字，只用注音呈现；《葡汉词典》和《汉西词典》为另一类，其上汉字与注音并见。

整部《汉法词典》计44页，页面相当整洁，排次大体有序。每页排为两栏，每栏的左侧给出汉语词目，右侧列出法文解释。体例前后一致，这肯定是撰写者、编辑者、出版者共同追求的目标，而编辑者和出版者除此还负有一项任务，即要充分利用原稿，排印出一部清晰可读的词典。撰写者可以在稿面上随时添笔或涂改，编辑出版者则不可以，必须让读者看到一批前后连贯、整次定型的页张。在把手稿转换为印本的过程中，不免出现差忒，错拼、讹脱、误植等时有发生。

---

① Masini（2003）；基歇尔（2010：002–003）。

尤其注音方面的问题，其中哪些须归咎于原稿，哪些系排印过程中所致，除非能找出手稿来勘对，否则很难分清责任。这类问题也不属于我们的考察范围，本书将只就印本所呈现的内容展开讨论。

条目的排列，按注音所用法文字母的音序，始于 Çă（杂）而止于 Xuń（顺）。声、韵相同的字音，按声调排序；声、韵、调皆同的字音，如果有送气与否之分，则先列不送气之音，再列送气之音。

《汉法词典》收录的汉语词目约三千条，以单音节词、双音节词居多，间有词组、短句、成语。每页排为两栏，每栏再分左右：左侧列出汉语词目，但不写汉字，只提供注音，悉按音序编排；右侧列有法文释义，或直接给出对应词，或作有略有详的解说。其上的注音自成系统，比起《葡汉词典》进了一大步，采用清平、浊平、上声、去声、入声五个调符，并且区分送气与否。总体上看，词典所收为明末清初的官话词汇，而杂有南北方言的用词和读音。探讨这部词典，结合考察出自早期传教士之手的类似作品，有助于还原、印证近代汉语的词汇和语音面貌，同时也可揭示传教士来华之始对中国名物的体认，以及对汉语同音字词的处理，对词义如同义、反义的辨析，对名、形、动诸词性的判别等等。

2.3 注音系统

在这部《汉法词典》上，我们看不到汉字，所有的汉语条目都用法文字母转写。泛言之，也即拉丁注音，但个别的字母为拉丁文所无，如ç。对注音加以整理后，得到的声母、韵母系统如下。先看声母系统：[1]

声母	例字	普通话拼音
p	pā（巴），pú（不）	b
p'	p'i（披），pa'ŏ（跑）	p
t	táo（道），tiáo（貂）	d
t'	teû（头），tŏ（砣）	t

---

[1] 可对比 Masini (2003)。

续表

声母	例字	普通话拼音
c	*cai*（该），*cañ*（甘）	g
	cì（挤），*cí*（祭）	j
	ceù（走），*céu*（奏）	z
c'	*cám*（糠），*c'ò*（可）	k
	c'ī（妻），*c'î*（齐）	q
	céu（凑）	c
ç	*çái*（在），*çào*（早）	z
ç'	*çái*（才），*çaò*（草）	c
ch	*chá*（诈），*chĕ*（蔗）	zh
ch'	*ch'â*（茶），*chûen*（船）	ch
k	*kĕ*（隔），*kem̄*（庚）	g
	kí（记），*kiñ*（金），*kiàm*（讲）	j
k'	*k'ĕ*（客），*kèn*（恳）	k
	kieñ（谦），*kiùen*（犬）	q
q	*qúa*（挂），*quei*（规），*qúo*（果），*quōn*（官棺），*quām*（光）	g
q'	*qùai*（块 快），*qùon*（宽）	k
s	*sán*（散），*suî*（随）	s
	sem̄（生），*sem̀*（省）	sh
	si（西），*siñ*（心）	x
x	*xā*（纱），*xî*（时），*xū*（书）	sh
f	*fī*（非），*fŏ*（佛），*fū*（夫）	f
h	*hú*（户），*hoèn*（混）	h
	hí（戏），*hién*（现）	x
	hoám（况）	k
m	*mù*（母），*meû*（谋）	m
n	*nû*（奴），*nào*（恼）	n
ng	*ngái*（碍），*ngò*（我），*ngēn*（恩），*ngém*（硬）	∅
ngh	*nghéu*（殴），*ngheù*（藕）	∅
l	*lâo*（劳），*lim̀*（领）	l
g	*gîn*（人），*gên*（然），*gĕ*（日热）	r
	gûei（为），*goéi*（胃）	w
j	*jŏ*（弱），*jû*（如），*jâo*（饶），*jam̄*（让）	r

续表

声母	例字	普通话拼音
v	vû（无），vě（物），veń（问），vàm（网）	w
y	yâ（芽），yě（夜），yeù（有）	y
	yûm（容融），yuèn（软）	r

以上第二栏给出的例字，均取自有把握判定并还原的汉语词目。不难观察到：

1）送气符为上标的单引号（'），用法相当一致，只是其位置漂移不定，这也许是误排引起的，但也许在手稿中原标就比较随意。

2）一个声母有可能对应于普通话的两三个声母，或反之，两三个声母对应于普通话的一个声母，这多半是语音分化、融合的结果，不无规律可循。

3）q、q' 的出现环境有别于c、c'，构成互补；偶尔如"官"，有quōn和cuōn两拼，而以前者居多，后者可忽略。

4）"碍、我、恩、硬、藕"诸字，其声母记为ng、ngh，而据普通话拼音则为零声母；其中"碍、我、硬、藕"均为疑母字，在吴方言里声母记为[ŋ]。

5）"况"为晓母字，所标声母h不误。

然后看韵母系统：

韵母	例字	普通话拼音
a	mà（马），tǎ（他）	a
ai	cái（丐），pái（牌）；yāi（挨），yài（矮）	ai
an	càn（敢），fǎn（饭）	an
am	tǎm（塘），fam（房）	ang
ao	çào（早），laò（老），xaō（梢）	ao
au	táu（倒），táû（绦）	ao
	taú（斗），laû（楼）	ou
e	çě（择），tě（得）	e
	çě（贼）	ei
	ch'ě（赤），xě（石）	i
	pě（卜），pē（珀）	o
	pě（白），mě（脉）	ai

续表

韵母	例字	普通话拼音
eam	leâm（粮），leám（亮）	iang
eao	leào（了），leáo（料）	iao
em	tem̄（灯），ćem̂（层）	eng
en	ken̄（根），ngēn（恩）	en
en	chén（战），gèn（染）	an
eu	péu（剖），ceù（走）	ou
i	tí（地），mì（米）	i
i	mî（眉），fí（费）	ei
y (= i)	ŷ（疑），ẏ（椅），ý（议）	(y)i
ia	kiā（家），xiā（下）	ia
iai	kiaī（街），hiâi（鞋），kiài（解），kiái（诚）	ie
iam	ciam̄（将），siam̄（相），hiam̄（香）	iang
iao	kiáo（教），miâo（描），siào（小）	iao
ie	cié（借），liě（猎）	ie
ie	ciě（迹），liě（历）	i
ien	tieñ（天），mién（面）	ian
iem	hiem̄（县），iem（烟）	ian
ieu	kieù（九），cieū（秋），nieû（牛）	iu
im	tim̄（钉），miḿ（命）	ing
im	chiḿ（正），chi'm̂（成）	eng
ym (= im)	ym̄（英樱），ym̀（应），im̂（赢）	(y)ing
in	ciń（进），ci'ń（亲）	in
in	chiǹ（砧），xiń（甚）	en
yn (= in)	yn̄（音），yn̂（银），yǹ（引），iń（印）	(y)in
io	kiŏ（角），kiŏ（脚）	iao
io	çiŏ（爵），liŏ（掠律）	üe
iu	ciù（酒），ciú（就）	iu
iu	kiù（举），ćiú（趣），liú（驴）	ü
iue	ciuě（绝），hiuē（靴），siuě（雪）	üe
iuen	k'iuèn（拳），ciuén（泉），hiuèn（癣），siuèn（选）	uan
ium	hium̄（胸），hium̂（雄）	iong
iun	kiuñ（军），ciún（俊）	un
lh	lh（儿），lh̀（耳）	er

续表

韵母	例字	普通话拼音
o	pō（菠），pǒ（博）	o
	mǒ（木），chǒ（竹）	u
	cō（歌），hô（河）	e
	lô（绿），yǒ（欲）	ü
	cō（锅），çó（做）	uo
	yǒ（约）	üe
	yǒ（药）	ao
oa	hōa（花），hoā（话）	ua
oai	hoâi（怀），hoái（坏）	uai
oam	hoâm（黄），xoām（双）	uang
oe	hoě（活、或）	uo
	hoě（忽）	u
oei	hōei（灰），goéi（纬）	ui
oem	poēm（烹）	eng
oen	hoeñ（婚），hoèn（混）	un
oi	pói（背），môi（眉）	ei
u	pú（不），xū（书），ū（乌）	u
	yú（鱼），yù（语）	ü
	sù（死），çù（子）	i
ua	quā（瓜），xuā（刷）	ua
uai	quaī（乖），quái（怪）	uai
uam	chuām（妆），chúam̂（床）	uang
uan	quān（关），quán（灌）	uan
ue	yuě（月）	üe
	chuě（拙），xuě（说）	uo
uei	quéi（贵），qùēi（亏）	ui
uen	muên（门），puèn（本）	en
	quèn（滚），qùèn（捆）	un
	chuēn（专），yuén（愿）	uan
ui	tuí（对），xuì（水）	ui
	lûi（雷），núi（内）	ei
ulh (=lh)	ùlh（耳）	er

韵母	例字	普通话拼音
un	chuń（春），xún（顺），jún（闰）	un
	nún（嫩）	en
um	fūṁ（风），múṁ（梦）	eng
	túṁ（动），suṁ（送）	ong
uo	quò（裹），qúo（过），quŏ（郭）	uo
uon	súon（算），tuòn（短）	uan
	puōn（般），púon（判）	an

Lh（儿、耳）较多见，ulh 仅一见，似可视为变异，不同于明显的讹误，如 hl（*H′l siñ* "贰心"）。

《汉法词典》上出现了一小批带儿化音的物名词，如"歌儿"（*Cō`lh*）、"曲儿"（*Kĭŏ`lh*）、"匣儿"（*Hiā`lh*）、"罐儿"（*Quón`lh*）、"套儿"（*Táo`lh*）①，这是《葡汉词典》所没有的。接近于此的儿化词，《葡汉词典》上有"猫儿"、"雏儿"（指小鸡），其中的"儿"字尚有崽子之义，没有完全虚化。

前、后鼻音的区分，从列表所见相当一致，实际上却经常相混，如"罗经""经络"，"经"分别标为 *kiṁ*、*kiñ*；"心焦""放心"，"心"分别标为 *siñ*、*siṁ*；"赤身"的"身"标作 *xiṁ*，"破身""身脚痠"的"身"却标为 *xiñ*；"奉承""奉迎"，"奉"分别标为 *fuṁ* 和 *fún*，等等。这类混淆很可能不是笔误或错排，而是因为记音者听到的不是或不止是官话音，还有南部方音。有些字的异拼，如"碑"作 *pōi* 或 *pī*，"果"作 *quò* 或 *cò*，"生"作 *xiṁ* 或 *seṁ*，"一"作 *ý* 或 *yĕ*，是有规律可循的，显示所采集的字音来源不一，官话或方言的背景有别。这一类异拼或两读，在《葡汉词典》上已可观察到，到了《官话词汇》就更为显著。

最后归纳一下声调。上面列出的声母系统和韵母系统，所见例字的注音除极个别外都带调符，所标也都得当。这是笔者整理所得的结果，实则调符经常遗漏，错标尤其频见。并且，由于油墨湮漫，纸质褪变，多处字迹模糊不清，无法准确判别调符所归。好在清晰的例字足够多，不难归纳出五个调符，表示五个声调：阳平（ˆ）、阴平

---

① 根据各自的注音，不难在词典正文中寻见其词。

（ˉ）、上声（ˋ）、去声（ˊ）、入声（ˇ）。从利玛窦到万济国，所记都是同样的五声系统，所用的调符也基本相同。一如送气符，调符自由着落，或标于韵头，或落于韵腹，或挪至韵尾。即便是同一字音，也会不一样，如 *Hoâi lí*（怀里）、*Hôai nién*（怀念）。当韵尾为 n、m 时，调符经常标于其上：*Cieñ*（尖），*Cam̃ lim̀*（纲领）。

总体上说，《汉法词典》是以官话音、读书音为主，夹杂有少许方音。官话传布极广，向有北南之分，而由元代渐及晚明，"入派三声"的变迁在北官话里已告完成，所以，单凭入声的辨别与标记，我们差不多就有九分的把握认定这部词典的记音本于南官话；或者说，是本于韵书所载录的读书音，而读书音区分阴阳上去入五声，也正是以南官话为基准。北官话和南官话的地理中心，前者在北京，后者在南京。一旦偏离中心区域，北京话和南京话各自的影响力势必有所减弱，官话的地方色彩则会相应加重。

2.4　还原注音，释读法文

研读这本《汉法词典》，最要紧的一项任务是把注音还原为汉字，而能否恰当地还原注音，确定一个音节究竟与哪一个字对应，主要取决于对法文释义的理解。在把原文译成中文的过程中，我们会注意到法语单词及短语的形式特征，发现著者在求诸汉法语义对等的同时还顾及语法，往往刻意选用某一类词，以使法语释义在词性上尽可能贴近汉语词目。类似的处理手法也见于早先的《葡汉词典》，只不过那是中国师傅所为，在译解葡语词目的时候有意识地使用词性对应的汉语词，而《汉法词典》则相反，始终是西士在从事译释，看不出有中国师傅直接参与。但不论谁在译，是独译还是合译，译过来还是译出去，所奉持的语法认识是同样的，即欧汉词性可以相通。这种潜在的认识一经化为操作的法式，便是一些释义的体例，虽然并不言明，却十分显见。

2.4.1　一音一字

我们从开篇的第一条读起，这一条原本的面貌是：

Çă　　mixtionner, meslanger, mesler, brouiller, trouiller.

这里，一个字音对应于一串法语词（标点悉从原文）。虽然近古法语的拼法经常异于现代，但这五个词的意思并不难确定。逐个译成中文，可知它们是同义的，都表示混杂，注音所指的汉字因此也就能够断定，即：

  Çǎ（杂） mixtionner, meslanger, mesler, brouiller, trouiller.（混合，掺杂，弄乱，扰乱，搅乱。）（324 页左）[①]

释义所用的五个法语词均为动词，意味着"杂"在词典编者的眼里是一个动词。不妨比较紧接其下的一条，四个释义词一律用的形容词：

  Hoèn çǎ（混杂） mesleé, embrouillé, meslangé, confus.（混杂的，杂乱的，乱作一团的，纷乱芜杂的。）（324 页左）

对词性的判别，便这样体现在释义词的择取上。值得注意的不是区分词类的恰当性，而是西方人对汉语词性的某种初始的认识，相信汉语拥有类似欧语的词类，且类与类之间存在界隔。这种认识暗含于释义过程，体现于词目内部自我一致的处理手法。上面两条所呈现的对应关系，表面看来不对等，表现为以一对多，实则手法很简单，是以一对一，要么都理解为动词，要么都作形容词解。

2.4.2 一音多字
复杂的情况如下，一个字音对应于两三个意思毫不相干的法语词：

  Chū（诸，猪） tous. pourceau.（所有的。猪。）（331页左）
  Hoeñ（昏，混，婚） obscure, troublé. marier.（昏暗的，混浊的。结婚。）（344页左）
  Cǒ（谷，骨，鹄） valée, os. but ou blanc.（山谷，骨头。目标或靶心。）（335页右）

由于只给注音不写汉字，如何处理同音字便成为棘手的问题。我

[①] 第二章例词、例句引用的页码均来自《汉法词典》影本。

们看前两例，会觉得法语词之间的句点起着隔断词义的作用。据此推断，第三例中valée（山谷）和os（骨头）之间的逗点似属讹误，本该使用句点。然而有更多的例子显示，与一个字音对应的若干法语词排成一组，其间并未用句点作适当的分断：

Chú（住，柱）	demeurer, rester, des colomnes, du bois.（居住，逗留，柱子，木头。）（331页右）
Ý（意，议，易）	intention, proposition, but, deliberation, facile.（意图，提议，目标，商议，容易。）（345页左）
Fú（父，傅，妇，富，赋）	pere, maistre, femme, riche, richesse, lever les costes.（父亲，师傅，妇人，富有，财富，征赋。）（340页左）

在处理词典文本时，需要把意思迥异且词性有别的法语词分断开来，使之与注音词目所含的汉字分别建立对应。音同而义不同的汉字，词性往往也不一样，加标语法标记可以进一步明确区分。只需举出两条，其余可以类推：

Chū（诸，猪）	tous（a. 所有的）. pourceau（n. 猪）.（331页左）
Chú（住，柱）	demeurer, rester（vi. 居住，逗留），des colomnes, du bois（n. 柱子，木头）.（331页右）

同音现象偶或也见于双音节词，如下面两例：

Cum̃ fù（功夫，工夫）	oeuvre, ouvrage, travail.（劳作，活计，工作。）（339页右）
Pě xeù（白首，白手）	des cicognes. avec les mains vuides.（鹤。空手。）（357页右）

遭遇汉语之初，西方人多以为汉语的缺陷之一在于同音现象严重。这种看法固然是由于对汉语结构的认识尚欠完整，同时与早期传教士偏重记音、轻忽汉字的倾向也不无关系。像《汉法词典》这样纯以拉丁字母拼读汉语字词，释义时又将截然有别的意思混为一堆，不

免让西方读者对汉语产生负面印象。

2.4.3 兼类的字词

如上所示（2.4.1节），著者将"杂"视为动词。今天我们编汉外词典，把"杂"看作兼类字，既是动词也是形容词。① 再看"谋"（meû），也是一个兼类字：计谋的"谋"和谋求的"谋"，一为名词一为动词②，词性的区别很明显。《汉法词典》对"谋"作两译，实即区分名与动：译为traces（计划），是名词；又译为desseigner, marquer（图谋，紧盯），两个都是动词。

复合词兼属两个词类，也很普通。如"英雄"一词两见，一作形容词（Ym̀ hiûm），对译为fort, generaux, hardy（刚强的，慷慨的，勇敢的）；一作名词（Ym̄ hiuṁ），对译为fort（勇者、强者），并且注明为nom（名词）。之所以特意说明，是因为法语的fort恰恰也是一个兼类词，容易引起误解。如今我们的词典上，对"英雄"也作名、形二分。③

再如"谦让"（Kień jám），其词两见，一处作动词解：donner les premieres places par humilité（出于谦卑而让出上座）；另一处把词拆开，"谦"是副词或形容词：humblement ou humble（谦卑地，或谦卑的），"让"是动词：ceder（让予）。这跟我们今天把"谦让"标为动词④，也没有实质区别。

2.5 词目的构成

汉语条目有单音节词，有双音节词，也有词组和短句。

含有某字的双音节词，有时以首字引出，有时排在第二个字的字目之下。两种情况一样普遍，如Cán（看）字底下，列有Cán xū（看书）、Siê cán（斜看）；Yú çañ（玉簪）、Kiñ çañ（金簪）两条之前，先列出Çañ（簪）。有不少成组的词目，缺少引头的字条，如Fǎ miṁ

---

① 《汉英词典》第三版1760页。参见《现代汉语词典》第六版1616页、第七版1626页，"杂"字也作形、动两标。
② 《汉英词典》第三版966页。参见《现代汉语词典》第六版919页、第七版925页，"谋"字实际也分名、动二性，前者的例证为"阴谋""足智多谋"，只不过未标名词。
③ 《汉英词典》第三版1686页；《现代汉语词典》第六版1559页，第七版1570页。
④ 《汉英词典》第三版1086页；《现代汉语词典》第六版1033页，第七版1039页。

（发明）、*Fǎ pim̄*（发兵）、*Fǎ nào*（发恼）、*Fǎ nú*（发怒）、*Fǎ fuén*（发奋）、*Fǎ yvén*（发愿）、*Fǎ fám*（发放）、*Tà fǎ*（打发），一连七八个，独无一个单字条目*Fǎ*（发）。

词组相当多，如*Hièn ċhǒ lâi*（显出来）、*Lieû pú chú*（留不住）、*Heù yě xim̄*（吼一声）、*Yêu chǎ tǐ*（油炸的）、*Çàn him̄ kì pú*（暂行几步）、*Mâi çái tí hiá*（埋在地下）。

句子有一些，如*Pú càn lâo*（不敢劳）、*Pú chi c'ò pù c'ò*（不知可不可）、*Cèm mǒ yám chim̄ hū tā*（怎么样称呼他）、*Iǒ pú gen cém mǒ*（若不然怎么）。

成语不多，都属日常浅近的表达，例如*Pú chi pú kiǒ*（不知不觉）、*Vû sò pú chī*（无所不知）、*Xî xî k'ě k'ě*（时时刻刻）。需要有些历史文化知识才能把握的典故之类，在这部词典上还见不到。对个别成语的理解有误，如把"将信将疑"拆开来，立为两个条目（333页左）：

Ciam̄ siḿ（将信）　　d'un costé je le croy de l'autre non.（我一边相信一边怀疑。）

Ciam̄ ŷ（将疑）　　idem, le mesme.（同上。）

同义或近义的词语，经常编为一条，例如：

Giń fó : çúi（认服，认罪）　　s'advoüer, ou confesser coupable.（认罪，承认有罪。）（337页右）

Kiā l. quei fǎ（家规，家法）　　loyx du Roy.（王法。）（338页右）

Ç'û siń l. pōi（慈心，慈悲）　　piteux, plain de compassion, amoureux.（可怜的，富有同情心的，爱怜的。）（337页右）

Puōn yún. l. ŷ（搬运，搬移）　　changer de maison, changer.（换房子，搬地方。）（359页右）

Hiām l. tień quā（香瓜，天瓜）　　melon.（瓜。）（359页右）

上列注音中的字母"l."或符号"："，表示某个重复的字音；也可能是表示两可的拼法或读音，如*Quò. l. cò*（果）、*Xě pōi. l. p̄i*（石碑）。有时则分别立条，如*Tŭm̄ chŭam̄*（同窗），其下列有*Chŭam̄ yeù*（窗友），只是为前一词提供释义（condisciple, compagnon d'estude 同学、学习时的伙伴），对后一词仅说明"同上"（le mesme）。像*C'āi hoā*（开花）和*Fă hoā*（发花）、*Ciĕ xŏ*（接宿）和*Ym̂ ciĕ*（迎接）、*Jêu yuèn*（柔软）和*Yuèn jŏ*（软弱）、*K'im̄ hoĕ*（轻忽）和*K'im̄ mám*（轻慢）、*Teū kiàm*（偷讲）和*Poi kiàm*（背讲）等，也都如此处理。同样的办法还用于单字及其合成词，如*Kieù*（久）和*Chám̂ kieù*（长久）、*Ciéń*（堑）和*Tiéń ciéń*（天堑）、*T'ŏ*（托）和*T'ŏ lâi*（托赖）及*T'ŏ pí*（托庇），只译解单字，认为合成词与之同义。有时候，还会在同一个词目里列出正反二义：

C'ò ú : ngái（可恶，可爱）　　digne d'amour ou de haine.（值得爱或憎恶。）（336 页左）

Tái pŏ : heú（待薄，待厚）　　traitter mal. bien.（薄待；厚待。）（363 页左）

一方面，一个条目可能含带两个词，一个字音经常对应于几个单音词；另一方面，有些条目只列出字音而未及译释。还有一些条目，属于两见，如*Chŏ sùn*（竹笋），在*chŏ*和*sùn*两个字音下分别出现。所以，除非逐条排查，否则难以准确得知这部词典究竟处理了多少汉语词。

就普通的名词、动词、形容词、副词、指代词等而言，汉语和法语大都有语义相等或接近的表达，故对汉语词目的释义，多数情况下能提供对应的法语词。有时除了对应词，还作相关的解说；或者，只作解释而不给对应词，也很常见：

Ȳ sem̄（医生）　　traitter, medeciner, medecin.（治病，治疗，医生。）（344 页右）

Quōn fă（官法）　　servir d'exemple.（当做典范。）（360 页左）

Jam̀（让）　　donner, la premiere place, bailler tout l'advantage & rendre tout l'honneur qu'on peût.（给予最好的位子，让予一切利益和荣誉。）（345 页右）

Liě guěi（列位）　　　c'est un mot de civilité & une courtoysie semblable à celuy de seignurie des Italiens, dont on ne se sert qu'à l'endroit des personnes de condition.（这是一个表示尊敬的文雅词，类似于意大利人说的"诸位先生"，只对有身份地位者使用。）（353页左）

极少一部分词目，只列有注音，未加任何处理。

2.6　词汇的地域特征和文化色彩

在词汇的层面上，首先我们会注意到一些属于特定地域的物名，从南方到北方，沿海至内陆，多多少少都有记录。如"炕"（Cám）、"炕床"（Cám chuam）、"地炕"（Tí cám），三条是接排的词目，都没有法文释义。不予译释，可能是因为没有见过其物，不知道该怎样措辞。但至少，为《汉法词典》的著者提供语料的中国人应该拥有北地生活的经验，否则不会冒出这样三个词来。"炕床"有两个意思，一指火炕，等于"炕"，一指摆放在厅里的床榻，可躺也可坐。虽然南方也有"炕床"这种家具，其词来自北方应无疑问。

"羊头车"（Yâm teû ch'ē），释为独轮车，很准确。这种轻便的推车主要流行于华北。明人姜南《瓠里子笔谈》记云："自镇江以北，有独轮小车，凡百乘载皆用之；一人挽之于前，一人推之于后，虽千里亦可至矣，谓之羊头车。"

"吐馋"（T'ù çân，指吐口水）和"馋唾"（Çân tú，指唾液），这两个词应属吴方言。

"榄仁"（Làn giñ），当为闽粤方言词，指一种生长于闽粤一带的树种，其果实状似橄榄，法文释为"un certain fruit appellé pipita en portugais"（一种果子，葡萄牙语里叫pipita）。明清之际，传教士都自海上来，从广东、福建择地登岸，然后伺机北上或深入内地。无论是否继续前行，粤、闽在传教士都是必居之地，那里特有的物名录于词典，并不奇怪。不过，较之《葡汉词典》，这本词典上的闽粤方言词语少得多。

属于中国特产的事物，又如：

Pieñ xaḿ（边上）	les murailles de la Chine.（中国的长城。）（358 页左）	
Pâî faṁ（牌坊）	un arc triomphal.（凯旋门。）（357 页左）	
Páo chám（爆仗）①	petits feux.（星星小火。）（357 页右）	
Ceù mà tem（走马灯）	laterne qui se tourne comme.（会自行转动的灯。）（327 页右）	
Yeń tâe（砚台）	pierre de cornet d'escritoire.（用作文具匣的石块。）（346 页左）	
Pāo çù（包子）	binnets remplis au dedans de plusieurs bonnes choses.（带馅的糕点，里头塞着各种好吃的东西。）（357 页右）	
Lî cāo（梨膏）	composte, ou conserve de poires.（糖煮水果，或梨制的果酱。）（326 页右）	
'Châ（茶）	un vase ou pot de *ch'â*.（一壶或一钵茶。）（328 页左）	
Quaṁ yú（关羽）	Idole rubicond & vermeil.（面孔血红或朱红的偶像。）（359 页右）	

历法、节庆、礼俗等方面的词汇频繁出现，似能说明著者并非乍来，已在中国已生活了一些年头，所以对民俗相当了解（332页右、334页左）：

Chuṁ cieŭ（中秋）	le 15 de la 8 lune.（阴历八月十五日。）
Ciĕ k'i（节气）	les 24 signes du zodiaque.（黄道的 24 个标识。）
Niên ciĕ（年节）	nouvelle année.（新年。）
Teṁ ciĕ（灯节）	festes des lanternes.（张灯的节庆。）
Tuṁ ciĕ（冬节）	festes du solstice d'hiver.（冬至之日过的节。）
Ciĕ lì（节礼）	presents de ces festes.（每逢这一类节日送的礼物。）

---

① "爆仗"，今称 pétard（焰火则叫 feu d'artifice，直译为"人造火"），当时似乎尚缺专名。

更引人瞩目的是一批抽象概念，涉及哲学、伦理、宗教诸方面，显示了著者关注的不止是世俗事物，对汉语的把握也已超出了日常生活：

Yn yâm（阴阳）	matiere & forme.（物质和形式。）（345 页左）
Kě uě（格物）	penetrer, descouvrir le fonds & l'essence des choses.（深入内里，发现事物的根基和本质。）（348 页左）
Cim̄ xim̂（精神）	disposition de corps.（机体的内在倾向。）（334 页右）
K'ě kì（克己）	se mortifier.（禁欲。）（348 页左）
Tiēn çiǒ（天爵）	la vertu.（美德。）（335 页右）
Sān çaî（三才）	le ciel, la terre, l'homme.（天，地，人。）（325 页左）

这些译法可能不是最早的，也未必都合适，但无疑包含着著者自己的体悟。"阴阳"一词含意颇广，理解为物质与形式的对立统一似不多见。"天爵"，出自《孟子·告子上》："仁义忠信，乐善不倦，此天爵也；公卿大夫，此人爵也。"淡泊名利，乐善好施，本是儒家与西教的共通之点，甚或是一种普遍的价值取向。此外，涉及机构、体制的词语也不少，有关科举的词目尤其多。早期传教士十分欣赏这种国家考试制度，以为能够公平取士，或说西方近代文官考试制便是借鉴中国科举制的结果。

C'ō（科）	ordonner un examen.（布置考试。）（336 页左）
C'ō kiù（科举）	oprouvé par l'examen de *do kiù gîn*.（通过考试批准"读举人"。）（336 页左）
X'é c'ō（设科）	instituër ou establir un examen.（设置考试或建立考试制度。）（336 页左）
Hoéi qǔēi（会魁）	le I. des docteurs.（众博士的第一名。）（360 页左）
Kīm qǔēi（经魁）	ou le I. de chaque *Xīm*.（每一"经"的第一名。）（360 页左）

Fán ch'àm（返场）	avoir des lettres de l'examen.（获得准考令。）（339 页左）	
K'iñ tiéñ kień（钦天监）	mathematiques du Roy.（君王的数学[馆]。）（351 页右）	
Cuōn çaḿ（官仓）	distribution d'impots à toute la nation.（把税入分配至全国。）（325 页右）	
Yeù chán（邮站）	une journée de 60 ou 80 lieuës.（约六十或八十里的日程。）（328 页右）	
Yàm ci yuén（养济院）	hospital.（医院。）（333 页左）	
Cí yuén（济院）	hospital ou maison Dieu, distinée pour les pauvres.（为穷人开办的医院，即上帝人家。）（347 页右）	

"会魁"，即乡试的头一名；明清以五经取士，考得每一经的头名者便是"经魁"。公文信件之类，以跑马递送称"驿"，中途休息之地为"驿站"；以步走递送称"邮"，夜宿之所也即"邮站"。按正常而略紧的步行速度，每小时约走10里，日行60—80里显然指步走。"养济院"，简称"济院"，是一种慈善机构，多为官办。

相当一部分词语属于历史词汇，如今已不再使用，或意义已起变化。如"小价"（*Siáo kiái*），指童仆，或跑腿的仆从；"下程"（*Hiá chiḿ*），指行前赠送的礼物；"家长"（*Kiā chaḿ*），指船主；"剪绺"（*Cièn lieû*），指剪断钱包、偷盗。"车匠"（*Ch'ē ciám*）、"镟匠"（*Sivén ciaḿ*），法文译成tournier ou tourneur（镟工、车工）。但"车匠"不是造车或修车的工匠。近人汪曾祺在杂文《戴车匠》中，描述那是"在木制的车床上用旋刀车旋小件圆形木器"的匠人。"镟匠"与"车匠"同义，而明代所谓"镟匠"，又戏指身微职卑的杂役太监，因日日背菜筐、扛杂物，往还于街市与宫廷之间而得名。

2.7 小结

《汉法词典》虽未单独印行，但借壳于基歇尔的名著《中国图说》法译本，得以在西方学界广泛流转。只可惜其上的汉语词汇仅以注音的方式呈现，一音多义的问题未能妥善处理，以至许多条目的汉法对应头绪纷乱，成为后人解读的一大障碍。

《汉法词典》体量不大，储存的信息量却不小。与《葡汉词典》漂洋过海而来，展现了欧亚航路开通未久殖民、军事、通关、商贸等多方面的景象不同，《汉法词典》是传教士在中国内陆扎根生活的纪实，见不到打打杀杀的描绘，闻不到买卖生意的气味，酷刑施虐的表达极少，而对文化教育则有一番细致的记述，风土民俗的韵味尤其浓烈，并且对中国的伦理和哲学显出几分偏好。

三 《官话词汇》(1679)

《官话词汇》(*Vocabulario de la Lengua Mandarina*),署名作者为道明会士万济国(Francisco Varo 1627—1687)。根据序文和落款,可知其稿始编于1677年,两年后完成。万济国,西文音译"瓦罗"或"巴罗"①,顺治年间来华,在闽北一带生活、播教长达三十八年。《官话词汇》原稿可能已佚,幸有若干抄本,分藏于柏林德国国家图书馆、伦敦大英图书馆、巴黎外方布道会档案馆等所。2006年,汉学家柯蔚南根据柏林德国国家图书馆所藏之本②,将《官话词汇》整理为排印稿,以西班牙文—英译文对照的形式发表,为学人提供了便于阅读的现代印本。③柯本不仅将西班牙语的词目全部译成英文,并且将大部分注音形式还原为汉字,使今人得以领略万济国笔下明清官话的实貌。万济国另著有《华语官话语法》(*Arte de la Lengua Mandarina*),1703年梓刻于广州。④无论在欧洲还是中国,万济国的这本语法都比其他词典更为人知晓。西洋汉语研究的词典学和语法学两大路径,如果说早期得以交汇于一人的学术实践,此人无疑便是万济国。

万济国的这部词典原来并没有中文书名,《官话词汇》是其稿主标题的直译。按照现代词典学的归类法,这是一本近代西班牙语—汉语词典,词条采用欧洲语言的音序法排列。今存柏林本用硬壳装订,词典正文之前、之后各有三张空白页。正文首页的右上角,可见铅笔淡写的数字1,似为后人添加,或者是图书管理员所做的标记。由这一页起连续计页,至最后一个页张,标为第228页。书写使用深黑墨水,逾三个世纪仍不褪色,字迹十分清晰。文字的格式同于一般西洋书籍,从左往右横向展开。用注音转写的汉语词句,自然也是右向,与旧时汉字排列的顺序相反。假如写出汉字,或许也会像早先《葡汉词

---

① 西班牙文 v 读为 b,故有其译。
② Varo (1679)。
③ Coblin (2006)。
④ 中译本见瓦罗 (2003)。

典》正文所见的那样采取右向书写。

3.1 词条的构成以及语句的来源

《官话词汇》上所见的独立词条，总计约12,000。每一条至少含一个西班牙语词目，对译为一个或两三个注音的汉语词。极少数词条只见西语词目，缺少汉语对译。由于一部分词目为复合型，包含两个甚至三个西语词或短语，且有大量的词目属于扩展式，附有内词条，词目的总数有可能超过20,000。

词条长短不一，较长的单独占一行。个别词条极长，如Cielo（天、天国），带出十来个语义关联的复合词（苍天、月轮天、水星天、金星天……），一行容不下，便回行继续写，缩进若干字母。至于短小的词条，似乎出于节省纸页的考虑，一行之内经常写有两个，甚或三个。好在条与条之间留有足够的空距，前后不至粘连。有些词条较短，右侧余有空白，会插入补写的条目，而所补之条与相邻的词条往往并不关联，却与隔开一些行甚至下一页的某一条相呼应，属于其派生词或同族词。这是写本所呈现的条目布局，因为临时补缀、随手安插而显得凌乱不整。转化为印本后，条目不论长短都独立成行，页面顿时整洁了许多。不过问题也就随之而来：是按原稿上前后相续的状貌排列词条，还是将后补之条与关联的条目排为一组？似乎难以确立划一的标准，只能视情况处理。笔者主张维持原貌，非绝对必要不作调整，一旦调整则须加注说明。

西语词目所对译的汉语词，有单音，有联绵或叠音，有复合，三者相加共约21,800个；另有词组或短语6,870个，成语、俗言117条，句子71个。所有这些数字均未排除重复出现，如联绵词"慷慨"单独使用七例，叠音词"常常"十余例，复合词"主二"（星期二）两例，"天主堂"三例；词组"傅圣油"四见，"临终傅圣油"两见；成语"执迷不悟"两见，"再三再四""半身不遂"各四见；俗言"人生识字忧患始"一例，但"青春不再来"有两例；句子也一样，"多上福"两见，"多拜上"四见。倘若排除复见，这本词典所收的汉语词汇和语句实际有多少，需要另行统计。

重复出现的词语和句子，大都是平日里经常说的。如"多上福""多拜上"两句，属于日常寒暄的客套话。这一类较文气的短句有不少，是读书人、有钱人以及官员们的圈子里通行的说法，西士不时出入于其间，自然而然就学到了，如"请坐""请上坐""请留步""请扇""多扰""惊冒老大人""有何见教"。其他如"快些！""我不信""与你没相干""你要什么？""我没有想头（没想过）""是我的事""我与他往来""我少银子""我一样价买的"，则是从普通百姓的口中也能听到的官话。还有一些句子，是传教士讲经布道或与中国信徒交谈时说的话，如"天主无所不在""天主降生为人""再不敢得罪天主""我终不免一死"。

类似这样直接取材于生活的例子举不胜举。我们再来看一例，它不是人们说的话，而是店家揽客的广告词：

Tablilla de bodegon（酒家或饭馆的招牌）. çhièu pây' 酒牌. està escrito en ella（其上写有）. çhièu, fań pién iě 酒饭便益.（p.206[①]）

万济国告诉读者，酒店的招牌称为"酒牌"，而他遇到的这一家，招牌上写的是"酒饭便益"。他的这一说法，真实性如何呢？两年前，笔者从古玩拍卖网上搜得一帧照片[②]，所摄为一块竖直悬挂的木制招牌，上方横书"裕仁号"，直书的四字正是"酒饭便益"。

翻览《官话词汇》，文言的词汇频频出现，文言的构式也随处可遇（见下3.6、3.7两节），这会让我们对这部词典的口语性质产生怀疑。不过，除了某些古老的成语，成句的文言很少，有"非也""王已驾崩""广推而大之""其罪合万死"等。这一类文言的句子并非词典编纂者自拟，而是源自传教士读过的中文书，除经典外也包括通俗文学，尤其杂剧、话本之类。另有十余例文学语言的句子，能够确证摘自《三国演义》，如"恰离狼窝、又逢虎口"（第三回）、"山林丛杂去处"（第七回）、"正合我肺腑"（第二十四回）、"四面军马重叠围住"（第九十二回）。

[①] 第三章例词、例句引用的页码均来自《官话词汇》影本。
[②] 中华古玩网（http://www.gucn.com/Service_CurioStall_Show.asp?Id=9616929），2019.7.20读取。

3.2 中西对译方式

3.2.1 一对一

条目有简单，有复杂。最简单的条目，其构成只需要两步，要素也只需有两个：先列出一个西语词，再配上一个意思对等或大致相当的汉语词，便形成了一个词条。如Cobre（铜），对应于 *tuńg* "铜"；Empanada（馅饼），对应于 *jǒ pāo* "肉包"。有相当一批名物词，便采用这种一对一的配对方式，用万济国自己的说法，叫做"一字兑现一字""对译"。[①] 动词和形容词也会如此处理，如Contribuir（贡奉、捐献），对应词为 *suńg* "送"；Esponjoso（海绵状的、松软的），对应词为 *pańg tiě* "胖的"。如今小型的欧汉双语词典，还经常采用这种极简的译释法。简是简了，有时却可能损及语义，导致含意不明。

3.2.2 一对多

更多的对译不限于一对一，而是以一对多，即一个西语词对应于两个以上的汉语词。例如复合词Agua caliente（热水），对应的汉语词列有三个：*tañ'g* "汤"、*jě xùy* "热水"、*kuèn xùy* "滚水"；短语Estar de salud（健康、身体好），对应词多达四个：*çhú çháy* "自在"、*piń'g gān* "平安"、*kańg kién* "刚健"、*choáng kién* "壮健"。在前一场合，三个汉语词有细微的义别："滚水"即沸水，不同于"热水"；"汤"，应该不是指食用的汤，而是指澡堂所设盆汤的"汤"。在后一场合，用来对译的一组四个汉语词形成一个小小的同义词集，对于学汉语者扩大词汇量很有用。以一对多的译释方式，在今天的欧汉双语词典上用得很普遍，只不过对于中国的外语学习者，同义词集的作用在于把握欧语词目的含义，提供灵活的翻译法。从许多西语词目的汉语对译可以看出，万济国对词义的辨析非常细腻，如名词Gouierno（政体、政府、统治），对应的汉语词给出四个：*chý kiûe'n* "治权"、*chińg chý* "政治"、*chińg kiǔe'n* "政权"、*kiǔe'n xý* "权势"。现在的词典编纂者大概会加以梳理，分别立为几个义项。

与此相反的方式，是以多对一。这种译释方式用得相对少，例如：两个西语名词Grassa, gordura（油脂、脂肪），对应于一个汉语

[①] 见 p.162，词条 Palabra por palabra traducir algo（逐词翻译）。

名词 *iêu* "油"；两个西语动词 Conseguir, alcanzar（取得，获得），对应于一个汉语动词 *tĕ* "得"；一个西语形容词外加一个短语 Crudo, no cocido（生的，未煮过的），对应于一个汉语形容词 *seng tiĕ* "生的"；三个西语名词 Gaçapo, conejo, o liebre（幼兔，兔子），对应于一个汉语名词 *t'ú chŭ* "兔子"。之所以这样做，主要是为迎合汉语词义的需要：西语词目经过扩展，在语义上就能与给出的汉语词更相契合。在今天的欧汉双语词典上，难以想象会采用这样的译释方式。词目通例为一个单词或短语，不会两三个并行出现。

3.2.3 多对多

更为复杂的一种情况，是以多对多。试看下面一条，词目由三个意思相近的西语词构成，对译为一组四个同义的汉语词，彼此间用直线符隔开；再加上一个以破折号引出的扩展词目或用例，对译为五个汉语短语，并且说明了修辞色彩。字词虽然繁多，层次倒也不乱：

> Parecer, intento, sentir. *ý çú*.|. *iě kień*.|. *siñ ý*.|. *xě ý*. – mi parecer [hablando cortesmente y con humildad]. *iû kién*.|. *pỳ kién*.|. *pỳ ý*.|. *chuě ý*.|. *gò çhìe'n kién.* （p.164）

经过译释、还原，这一条在我们的整理本上呈现为：

> Parecer, intento, sentir（n.看法，主意，意见）. *ý çú* 意思.|. *iě kień* 臆见.|. *siñ ý* 心意.|. *xě ý* 识义. – mi parecer [hablando cortesmente y con humildad]（我的看法、我意［属于谦恭有礼的说法］）. *iû kién* 愚见.|. *pỳ kién* 鄙见.|. *pỳ ý* 鄙意.|. *chuě ý* 拙意.|. *gò çhìe'n kién* 我浅见.

倘若是一本西班牙语的单语词典，或者西葡、西法、西英一类欧语间互译的双语词典，自然会把构成词目的三个词分开来，形成三个独立的词条。《官话词汇》的立条方式如此不合常规，想必另有一番考虑，比如出于说明词义和确定词性的双重需要：parecer 既是动词又是名词，作动词表示好像、显得、出现等义，作名词则有看法、想法、意见诸义。这里的 parecer 应该是名词，因为紧随的 intento（意图、主意、目的）也是名词；至于 sentir，也是动、名兼形，作动词表示感到、觉察,作名词则同义于前二词,此处同样是取其名词义。万济国这样做的目的,正是从语义和语法两方面着眼,让西语词目与对译的汉语词更相适配。

在分析《葡汉词典》的译释体例时,我们已经注意到:葡语词目与对译所用的汉语词在词性上大都趋向一致,即以名词对译名词,动词对译动词,等等。在《官话词汇》上,同样可以察见一种追求中西词性一致的倾向。不过也有少数条目,汉语词的词性与西语词目明显龃龉。如由两个名词组成的词目Espacio, o tardança(迟慢,耽搁),对译为"迟了、迟延、良久"。"迟了"是动词,"良久"当属文言副词,而"迟延"则介乎动词与名词之间。这样的对译偏离语感很远,即便是没有专业语法知识的普通人,也不至于处理得这般欠头绪。万济国深谙语法之道,在同会前辈的基础之上亲手修编过《官话语法》,可是到了《官话词汇》,其上条目上万,终究难以逐处斟酌,把复杂的词性对应问题个个都打理妥帖。

3.2.4 中西词性的吻合与不合:以"行"为例

对译过程中发生的中西词性不一致,有时问题不在译释者,而在于语言本身,拥有的手段不够充足。如下面两条,西语词目一为名词,一为动词,对译的汉语词大抵相同:

Accion(n.行为). *chó* 做.|. *hiń* 行.|. *goêy* 为.(p.5)
Hazer(vt./vi.做、作、干、施行). *chó* 做.|. *cháo* 造.|. *hîng* 行.|. *goêy* 为.(p.109)

第一条,西语词目是抽象名词,而那时汉语里面不易觅得一个对应的名词,以表示抽象义的行为,出于无奈只得代以动词。今人编纂欧汉词典,在类似的场合会考虑使用复合词,译成"行为、活动、动作、行动、举动"等,以使中西词性尽量贴近。这一类复合词虽然多半也是名动兼用,但用来对译抽象名词,语感上总好过单一动词性的"做、为"。

第二条,西语词目本来就是动词,对译为"做、造、为",词性自能吻合。但"行"字是个例外。不同于另外三字,"行"既是动词又是名词。靠什么来分辨呢?靠字调。请注意这一条的"行"字,标为阳平,与上一条的"行"读作去声不同。如今我们的语文词典,在

"行"条下大都单设一个义项①，注明旧时该字有两个声调，借以区分名、动二性：作名词，读为去声，如品行、言行、罪行、兽行；作动词，读为阳平，如行走、行医、发行、可行。

再比较下面两条，词目都是名词，对译的单词"行"也是名词，故而标为去声。但在紧接着出现的短语里，"行"是动词，于是调符转为阳平：

> Hechos, obras（n.行为、举止，成果、作品）. *hiṅg* 行.|. *hiṅg tiě çú* 行的事.（p.110）
> Obras（n.行动、工作）. *hiṅg* 行.|. *sò hiṅg tiě çú* 所行的事.（p.154）

《官话词汇》上，动词"行"出现的频次甚高，例词相当丰富，始终读为阳平*hiṅg*。以"行"字起首，构成的复合词、词组等有：

> 行动，行进，行路，行走，行船，行海，[顺流]行舟，[能]行水（会水），行工（干活），行事，行作（做事），行教，行祭，行根（生根），行程，行迹，行李，行头，行粮，行旅，行人，行衣（礼服），行礼，行房（交合），行刺，行恶，行嫖，行善，行赏，行香，行药，行险（冒险），行游，行诈；行一行（走一走），行几步，行旱路，行水路，行外路（走歪道），行邪路，行邪淫，行男色，行女色，行礼貌，行聘礼，行圣迹（创造奇迹），行得好，行得是（事情进行顺利）；行来行去，行不及言（言行不一），行军主簿

以"行"为后字，构成的复合词、词组、成语等有：

> 暗行，颁行，伴行，遍行，并行，步行，成行，错行（走错路），单行（独自走），倒行，发行（启程），附行（随某人行），常行，恒行（坚持以行），横行，共行，饯行，快行，可行，难行，平行，拐行，瘸行，起行，师行（出师），施行，跳行，退行，膝行，同行，先行，相行，夜行，游行（=行游），远行，运

---
① 见《现代汉语词典》第六版1456页、第七版1465页，"行"字义项之八。

行，周行；大步行，慢慢行，轻步行，跟帮行，秘密行，时样行（按惯例行事），随后行，随时行（顺应时势），逶逸行，缘江行，直直行，一起行，照理行，仔细行；大地步行（=大步行），上街闲行，今时不行（不再流行），学人动行（模仿某人），宽猛并行，上行下效，依理而行；闲行于街市；将计就计而行

上列百余例"行"，均为动词无疑。再看名词"行"，用得很少，始终读为去声 *hìng* 的有：德行，有德行的；功行，有功之行；有行（=有德行）。也有读为阳平的：工行（功夫、成果）；修行，修行者。另外，"善行"两见，属于两可，"行"字读为阳平和去声各一。词性模糊的有"言行"，共三例，"行"字都读为阳平；其词不单现，构成表达"言行相符""言行相照应""言行不相照"。

综上所析，可推测古汉语中确以声调分别"行"字的动、名二性，至近代则有合为一声的趋势。虽然仍将名词"行"发为去声，可能只是在维持一种习惯性的读书音而已。

3.2.5 音译

顺便说一下音译，这是最简便的对译方式。音译多见于专名的翻译，如人名 Cristo Jesus（基督耶稣），音译为 *iê sū kỳ lý sū tō*，写为汉字即"耶稣基利稣多"。无论译入或译出，音译都无所谓词性对应。

译入，如 sacerdote（教士、牧师）作"撒责尔铎德"，省称"铎德"；Sacramento（圣礼），取其音作"撒格拉孟多"，取其意则为"圣事"。

译出，如"佛"作 *Foě* 或 *foě*；"万"作 *vuan*。由于西语没有一个单语素的数词，意思能与"万"对应，遂以音译的方式表达。不过同时也提供了意译 diez mil（十个千，即一万）。有趣的是，不仅译出其音，还把其词当作西语词一样变化，添上一个复数的词尾：diez vuanes（十个万，即十万）。与此类似，"举人"音译之后变形为 *kiù jiñes*。

3.3 《官话词汇》与《官话语法》

《官话词汇》上有六处明确提及《官话语法》，由此可以推知，在编纂词典时万济国的案头已放着一册《官话语法》稿本。这六处都是在对译完词目之后，嫌意思不够清楚，却又不便详述，于是提醒读者参见《官话语法》的相关章节。在道明会的汉语教学中，《官话语法》和《官话词汇》是两部配套的学习用书。语法书撰著在先，词汇书编写在后，《官话词汇》上提到《官话语法》，通例简称《语法》（*el Arte / arte*）。尽管拼法不一，或大写或小写，有时连冠词也省去，指的就是他本人已然成稿的《官话语法》，而非某一本拉丁语法或者其他传教士撰著的汉语语法。

参见的是哪些方面的内容呢？归纳起来有三方面。一是程度副词，共有三个，其中两个属于比较级（comparatiuo）：Mas（更、更加），对译为"更、过于"；Mayor（较大、更大），对译为"更大、愈大"。还有一个属于最高级（superlatiuo）：Muy（极其、最），对译为"得紧、得极"。关于比较级的论述，在《官话语法》上见于第四章"名词和形容词"的第三节"比较级"。这一小节首先举出的便是"更、过于"，认为"更"最为常用，并且例示了比较句的构造和词序。继而又谈到"愈"，指出该词在口语中使用不多。然后，在同一章的第四节"最高级"里，我们会见到"得紧、得极"。[①] 万济国把这一类词统称为小词，形形色色列举了许多，讲解得也很详细。

二是Ser（是），在《官话词汇》的同一页上出现三例，形成三个独立的词目，须分开来看。一例属于系动词，对译为"是"，用法如"（他）是官"，变通的说法有"做官"，即以当官为职业。《官话语法》第八章"动词"，第一节讲的就是"系动词'是'"。[②] 另一例也是系动词，表示被动义，对译为"是、被、为"。《官话语法》第九章"被动动词和被动结构"，论及这三个字，以及"所"。[③] 第三例却不是系动词，而是表示事物之存在或本质的抽象名词（相当于英语Being，其前可带定冠词），汉语对译因此作"体、有"。在《官

[①] Varo（1703：29–32）；中译本45页以次。

[②] Varo（1703：49–50）；中译本80页以次。

[③] Varo（1703：57）；中译本93页以次。

话语法》的第十章"介词和副词"里，可以找见一个例句，将"有"字活用为抽象名词："天主于全无出有"，意思是上帝从空旷无物中创造出万有，"有"（el Ser [the Being]）即存在，包括生灵在内的宇宙万物。①

三是量词。《官话词汇》上有词目Numeral, vt sic（数量词、量词，泛指），对译之词为"个"。所谓数词或数量词，是西洋语法术语的译称，这里对应于"个"，指的就是量词。泛指，即通用，今称"个"为通配量词，意思与此相同。欧洲传统语法向无量词一说，因为接触到拥有量词的亚洲语言，才形成了量词的概念；又出于语法描写的需要，开始分析量词，加以归类整理。更多的量词，万济国请读者参阅《语法》。《官话语法》第十二章论数词，除了讲解基数词、序数词如何表达，还设有一节细述量词。由于量词本身就自成一类，而且涉及一大批名词，情况比较复杂，需要专门讨论。

3.4 量词：基于语法和语用的双重考虑

《官话语法》以顺口溜的方式列举了近六十个量词与数词的组合，有些配有相应的名词，有些注明了适用的范围。其中有几个重复出现，因其搭配的物名不同：②

一餐，两层楼，三节，四座，五口/五头（指牲畜），六匹（指马），七张（指纸头）/七章（指章节），八只船/八号船，九阵（指兵马），十张像

一栋房子，两块碗，三串，四重（指帐幔、衬里），五封书，六位（指尊者），七盒墨，八杆，九下（指抽打），十棒/十鞭

一粒米/一颗米，二捆/两缚，三把（如稻谷、禾草），四领（指上衣），五疋（指绸布），六条，七帖药，八叶/八页，九句，十枝（如毛笔、树枝）

一枚针，两块（如饼、板），三双或三对，四部（指著作），五尾（指鱼），六套，七行，八亩田，九段，十个

一担/一挑，两本，三张（指桌椅），四件事/四桩事，五顶轿，六头

---

① Varo（1703：66）；中译本116页。

② Varo（1703：72–73）；中译本129–130页。

岭，七篇文章，八群（指牛羊），九条路，十把（如扇子、香柱）
一顶帽，两枝烛，三张（指床单），四城，五把（指汤匙、刀剑等），六卷（指书册）

语法书可以把量词辑录起来集中论述，词典则难以做到，除非把量词编为一张表，附于词条正文之后。后来有的西洋汉语词典便效仿其法，如出自方济会士叶宗贤（Basilio à Glemona 1648—1704）的《字汇腊丁略解》（又名《汉字西译》，1722年抄毕于广州），附录之一收有量词近90个，中文标题作"数目异节"。① 万济国虽未着手编写这样一张表，但我们从《官话语法》给予量词的特殊处理可以想见，他在编纂词典时会继续关注这一类词。如果把散见于《官话词汇》各页的量词汇集起来，数量便很可观。数量还只是一方面，更要紧的是处理量词的手法。翻览《葡汉词典》和《汉法词典》，我们也能发现一些量词，但这些量词只是随机出现，而非有意安排的结果；量词与特定名词的关联不明确，关于量词的作用也未见任何说明。《官话词汇》则不同，在扩展释义中使用术语numeral（量词）达30例，除开一例是在解释通配量词"个"，其余多用于说明某一物类在计数时需要配备某个特殊的量词。把《官话词汇》上出现的量词汇总起来并略事整理，便有下表（页码带星号者，表示所见的某个量词注明为numeral）：

事物／名词	量词	组合	所出
针	枚		p.8*
锁　铜锁		一把锁	p.41
瓶　壶	把		p.128*
伞　雨伞　龙伞	把	一把伞	p.184*
柴　柴火		一把柴　一束柴	p.126
木板　木片		一块板　一块片	p.206
碗子　盅碗		一块碗	p.206
面头　面包　面饼		一块面头	p.163
花	朵　头	一朵花　一头花	p.100*

---

① 姚小平（2007）。

续表

事物/名词	量词	组合	所出
被盖　被窝	张		p.134*
书案	张	一张桌	p.139*
椅子　轿椅		一张椅	p.201
船　舟	只　号		p.149*
轿子　山轿　路轿		一乘轿	p.201
大铳　大炮　铜将军	门　座		p.22*
金锭　银锭		一锭	p.163*
手巾　汗巾　手帕　花巾　拭手巾	条	一条手巾	p.163* p.212*
衣服　衣裳	领　件	一领衣服　一件衣服	p.220*
笔	支		p.173*
书	包　封	一包书　一封书	p.174*
书册　书冊		一本书　一部书	p.128
文　古文　时文	篇		p.191*
话　言　言语	句	两句	p.162*
井　干井　枯井	眼		p.175*
门　大门　正门　头门　二门　小门　便门　后门	扇　个	二扇门	p.181*
楼　楼阁　楼房　楼台	层		p.202*
塔　楼塔　台阁	座		p.214*
凳子	座		p.206*
山　岭	头		p.143*
黄牛母	头		p.217*
鱼　海鱼　飞鱼	尾		p.171*
事　事体　事情　勾当	件　桩		p.149*
（绸料或布料）	疋　匹	一疋　一匹	p.172*
（成块的墨）		一方墨　一锭墨　一块墨　一盒墨	p.163
（诗篇、韵文）	首	一首诗　一绝　一律	p.175*
（对折的纸页）	张	一张纸	p.174

续表

事物/名词	量词	组合	所出
（成串的蒜）		一串蒜头　一挂蒜头　一把蒜头	p.192
Haz（捆、扎、束）	把	一把柴火　一把菜	p.109
Manojo（束、把、撮）	把	一把	p.134
Pedaços（块、段、截）	块　片　条	一块板	p.168

别看《官话词汇》古旧，在处理量词方面它很先进。《官话词汇》上的西语词目，如果是可数名词，在对译为汉语时循例也采用可数名词；释义经常还会延伸，以引出相应的量词。如词目Aguja para coser（缝纫用针），先是对译为"针"，再说明其量词为"枚"。前文所列《官话语法》的量词组合中，就有"一枚针"。或者并不言及量词，而是给出名词与数词、量词的组合式。如词目Candado（锁具），首先对译为"锁"，然后有复合词"铜锁"，最后告诉学习者：vno candado（一锁）的正确说法是"一把锁"。甚至，可数名词和量词都不单独出现，如词目Ristra de ajo（成串的蒜、一串蒜），直接译为组合式"一串蒜头"等，量词的意思和用法同样很清楚。这一词目所含的ristra（串，尤指蒜头、葱头），以及表上列出的最后三个西语词，功用及意义都接近于汉语的量词。其实欧语也有量词，只是为数不多，大部分可数名词直接与数词连用，无须以量词为中介。

万济国显然意识到，在译释欧语的可数名词时，仅仅给出对应的汉语名词是不够的，还得把名词与数词结合时所要求的量词讲清楚。他这样处理可数名词，考虑的是欧洲人学汉语的需要。我们或许会觉得，对于中国人要另论。在我们眼里，量词属于隐性的语用规则，所以一部汉语母语词典，没有必要是个可数名词便注明搭配的量词。但所谓隐性，恐怕是就成年的汉语母语者而言，换作学龄儿童，量词便属于有待掌握的语言知识。无论出于何种考虑，背后是否有理论认识支撑，读者都会期待一本母语词典在处理可数名词时能够前后贯通，自我一致。目前看来，这方面还有待改进，如《现代汉语词典》[①]，在"刀"字底下的例证中列有组合式"一把～"，"伞"字下有"一把～"，"笔"字下有"一支～|一管～"，"书"字下有"一本～|一

---

① 据第六版（2014）；第七版（2016）无不同。

部~|一套~"；"门"字的例证，虽然没有"一扇~"，但有"两扇红漆大~"，明示量词的目的也一样。照此类推，量词当为可数名词的标配。可是事实并不如此，翻到"窗""信""鱼""针"等字，就一例量词也没有出现。

倘若是一部汉外双语词典，一要满足外译的需要，二要兼顾对外汉语教学的用途，就更应该把量词视为可数名词的必备例证。然而实际情况也不令人满意。如《汉英词典》，"灯"字下有用例"一盏~"，作书信解的"信"字下有用例"写封~ write a letter"，"鱼"字下有量词组合"两条~ two fish/一尾~ a fish"，可是"街""伞""针"等字，以及"罐头""箱子""相机"等复合词，却未见相关的量词表达。①

最后来看动量词。动量词不多，《官话语法》列出的第二组量词里有"下"，表示抽打的次数。在《官话词汇》上，动量词"下"出现了两例，都注明为某一动作的numeral。一例表示用鞭子抽打马匹的次数，并有延伸释义：如果所用工具为竹鞭，就称几"板"。"板"属于工具，类似于《官话语法》所举的"棒、鞭"，借用为动量词。另一例由动词"打"引出，泛指击打多少次。

3.5　白话与文言，口语体与书面体

《官话词汇》题记称，书中收录的是"非高雅体的官话口语词语"，即中国人平常说话使用的通俗词语。单就量词而论，我们看到的特征的确可以归诸官话口语。但整部词典呈现的语体十分复杂，字词和语句有俗白、有文雅，有易懂、有艰涩；引用的例子有纯口头的，有仅见于章回小说的，甚至有按文言的模式构造的。语体杂沓如此，明显有悖于万济国宣称的收词宗旨。而说到语体，我们仍须参阅《官话语法》。关于传教士学汉语该从哪一种语体入手，这本语法书上有详细的说明。

《官话语法》首章设立若干条诫律，要求学习者严格遵守。其中有一条提出，中国人的语言分雅言、通言、俗言三种语体。雅言主要是一种书面体，很少使用复合词，只在少数受过教育的人士中间通行。通言介于雅与俗之间，穿插使用单音词和复合词，多数中国人能

---

① 此为《汉英词典》第三版（2010），修订中的第四版将予改进。

操持；通言里有可能出现某些典雅的文学表达，但这些表达一般中国人都熟晓。俗言是最为浅近的语体，下至普通百姓如农民、村妇也能听懂。传教士学中国话，须从俗言起步，继而上升至通言，后者的受众最多，对于宣教布道用处最大。至于雅言，万济国认为外国人很难真正掌握，但哪怕稍微学上一点，也能为言语增色，赢得中国人的尊敬。① 这里说的第一种语体，较易判定，当指文言；第二种和第三种则不易区分，为此万济国对比了下面两句话：

（1）欲升天者，可行真善路，若不然，岂得到。（通言）
（2）但凡人要升天，该当为善。若不为善，自然不会升天。
（俗言）

他解释道，句（1）用了"欲""者"二字，使得表达尽显优雅而不失明了，具有中等以上语言能力的中国人都能理解；句（2）用了"但凡""要"两个白话词，于是普通百姓也都能懂，等等。从例句及其分析来看，句（1）使用书面语的构式"欲……者"，且单音词用得多，是读书人说的文绉绉的官话。句（2）更多使用复合词、口语词，相比之下表达更加晓畅，更能为乡民接受。我们会嫌句（2）还不够口语化，如"为善"恐怕是书面语词，口语里会说"做善事"；另外，连词"若"听起来也不像是口语词，口语该说"假如"。不过万济国觉得，小词"若""若是"同样见于口语，用以构成条件句："你若是守十诫，会升天""若他来，我就去"。② 查《官话词汇》，与西语连词si（假若、如果）对译的既有"若""若是"，也有"假如"。同义词语之间的这类语体差异十分微妙，即便中国人自己编纂母语词典，也未必着意辨别，何况万济国一介西士，尚在苦学语言，分析能细至这一程度已很难得。在《官话语法》的另一处，他还举有两例，以对比通言和俗言：在与官员、读书人谈话时，须说"这一位是福州府太爷的公子"，而在与普通百姓说话时，可以说"这个人是福州府知府的儿子"。③ 这样看来，通言更为遵从礼数，措辞讲究客套，而俗言则直白得多，表达远不那么拘谨。

---

① Varo（1703：1–2）：中译本 11–12 页。
② Varo（1703：48）：中译本 79 页。
③ Varo（1703：23）：中译本 36 页。

区分文雅与俗白的意图，在《官话词汇》上体现于大量条目的对译或释义。对译一个西语词目，经常同时采取雅与俗两种方式，给出的文雅词语和白话词语大抵同义，可以相互诠释；文雅词语有可能是正式、固定的说法，白话词语则是较随意或临时变通的说法，有时只是在对前者加以解释。下面是笔者随手摘取的十余例，西语词目及注音从略：

暮时.|.将暮.|.晚间.|.日头下山.（p.9）
天微明.|.天才亮.（p.9）
地震.|.地动.|.地震动.（p.208）
待己淡薄.|.清淡.|.刻苦.|.清苦.|.不管自己.（p.216）
自夸.|.夸自己.|.自尊.（p.218）
总卖.|.一起卖.（p.219）
零卖.|.零碎卖.（p.219）
官价.|.官所定的价.（p.207）
俱来.|.皆来.|.都来.|.众人来.（p.220）
亲见.|.亲目看见.（p.220）
菜素.|.配饭的.（p.221）
度生.|.过日子.（pp.222, 223）

仅仅根据这些对译，我们会觉得万济国对文雅词语有所偏好，给予白话词语的只是配角地位。可是颠倒过来的例子也一样多，说明文与白哪个优先，在这本词典上并无一定之规：

点头.|.首肯.（p.1）
学生.|.初学者.（p.18）
这样.|.这等样.|.如是.|.如此.|.如然.（p.24）
天边.|.天际.|.天涯.（p.38）
不做声.|.不言.|.缄默.（p.40）
抬轿的.|.轿夫.|.夫马.（p.43）
挑担的.|.夫马.（p.43）
不够用.|.乏用.|.不得便用.（p.43）
开铺的.|.掌铺的.|.铺长.|.店家.（p.208）
你.|.尔.（pp.217, 225）

旧的物.|.古物.（p.222）
不顺的.|.逆.（p.223）

对一部分文雅词语，万济国添有夹注，提醒读者属于书面语。使用最多的提示语是para escritura（用于书面语），在《官话词汇》上出现八十余次。例如，口语说"心、心肝"，书面语除此还表达为"方寸、灵台"；口语说"京城、京都"，书面语还写"京师"；口语说"后、后来、以后"，书面语还有"然后"一词。语体特征会因时代的演进而改变，今天"然后"在口语和书面语里一样通用，是一个中性语体的词。总体上看，《官话词汇》所录的雅言较之《官话语法》多了许多，例证的文学色调也浓重许多。像前引摘自《三国演义》的语句，《官话语法》上一例也见不到。就用途说，《官话语法》是一册教西士学说中国话的课本，而《官话词汇》则是一部两用的工具书，既服务于说话的目的，也顾及了读书的需要。

《官话语法》第三章讨论名词的格变时，讲到属格小词"的"；又提到"之"，可以代替"的"表示属格，但限于书面语和雅言，如"天主之子"。[①] 听上去这样说很对，可是这种替代关系一旦被泛化，或者反过来，处处用"的"代替"之"，就有可能背离语言实际。《官话词汇》上出现的"两年的久""高明远见的士""修道的女"（修女）"饮食的物""解手的所"（厕所）"行动的处"（活动的地方）等表达，便属于类推过度的构造。

3.6　副词引起的麻烦

与上列第三条对应的西语词目，是副词Assi（这样）以及介词短语desta manera（以这种方式）。所对译的五个汉语词，书面色彩最浓的是最后一个词"如然"。"如然"一词在《官话词汇》上凡三见，另外的两处，有一例对应于副词Semejantemente（类似地），与"如"同义；另一例对应于介词短语Del mismo modo（以同样的方式），与"一般、亦然"同义，且注明"如然"属于书面语。三例的处理手法是统一的，都把"如然"视为副词，而介词短语在功能上就相当于副词。

---

① Varo（1703: 21–22）；中译本 34–35 页。

前文曾论及，万济国在对译西语词目时表现出一种追求中西词性对应的倾向，即以名词对名词，动词对动词，形容词对形容词。然而，副词给对译带来了麻烦。我们先来看五组条目，每一组的两条都相互关联，在《官话词汇》上多为紧邻条目，首先列出形容词，随后是同根的副词（-mente为副词后缀，相当于英语-ly）：

（1）
Animoso（勇敢的）.有胆.|.大胆.|.有胆量.
Animosamente（奋勇、精神自信地）.敢然.|.赳然.|.勇烈.（p.14）
（2）
Diuerso（各种各样的、互不相同的）.异样的.|.不同的.|.有差别.|.差异的.
Diuersamente（有所区别地）.异然.|.差然.（p.78）
（3）
Eficaz（有效的）.紧急的.|.笃切的.
Eficazmente（有效地）.切然.（p.81）
（4）
Yndiscreto（轻率的）.不知礼的.|.不斯文的.
Yndiscretamente（贸然、莽撞）.狂然.|.乱然.（p.116）
（5）
Pacifico（安宁的、平静的）.从容的.|.亲和的.|.温气的.
Pacificamente（安宁地、平静地）.安然.|.宁静.|.安宁.（p.161）

以上五例展现了两个成规律的现象，无论有意无意，都是在翻译欧语的副词时做出的选择：第一，在对译西语的形容词时使用白话，而轮到副词，便切换为书面语或文言；第二，对译中习惯性地使用"然"。虽然该字确有副词后缀的功能，但过度使用致使构式显得牵强，不免有生造之嫌。以形容词或名词加后缀"然"的构式来对译西语副词，《官话词汇》上的例条还有：

Auentajadamente（优异过人、超然）.高然.|.高妙.（p.27）
Contumasmente（执意）.执然.|.固然.（p.57）
Cortesmente（有礼貌地）.礼然.|.文然.（p.60）

Fielmente（忠实、准确地）.信然.|.实然.|.诚然.（p.98）

Yntrepidamente（无畏、凛然）.挺然.|.毅然.|.果敢.|.赳然.（p.119）

Naturalmente（很自然、势所必然）.本等.|.本然.|.良然.|.定然.|.性然.|.自然.|.决然.|.而然.|.自然的.（p.148）

Ociosamente（徒劳无益、无所事事地）.虚然.|.空然.（p.155）

Formalmente, realiter, dezimos（形式上，实质上，我们欧洲人这样说）.模然.|.实然.（p.101）

Materialiter, dezimos（在物质上、就实质而言，我们欧洲人这么表达）.质然.（p.136）

以上末了两例，西语词目为哲学概念，注明dezimos（我们这样说），也即属于欧洲人的说法，所译因此格外艰深，没有上下文绝难理解。"实然"尚有其词，古文作品中不乏用例，"模然""质然"则所出不详。如此偏爱后缀"然"，万济国本人有没有什么说道呢？《官话词汇》上倒没有说起，不过在《官话语法》专论小词的第十二章里，有一小节就专门讲"然"字，认为在通言和雅言里都很常用，构成的副词表示肯定义，举出的例词既有"自然、该然、必然、果然、亦然"等，又有"模然""质然"。①

当然，并非所有的西语副词都以带后缀"然"的构式来对译。下面四例的情况就各自有别：

Ocultamente（悄悄、暗里）.暗地.|.私下.|.秘密.|.悄然.|.黑地.（p.155）

Determinadamente（毅然、断然）.定然.|.一定.|.必定.|.毕竟.|.真是.|.铁定.|.决然.（p.75）

Neciamente（无知、愚蠢地）.不在行.|.痴然.|.非礼.（p.149）

Osadamente（勇敢地）.不怕.|.勇然.（p.160）

第一例的处理最为自然，以口语词为主，中西词性基本一致。第二例，口语词与书面语词各半，词性也大抵一致。第三例和第四例，都是文白兼杂，就词性而言，口语词与西语词目不合，而书面语词

---

① Varo（1703：82）；中译本142–143页。

则能对应。用口语词对译副词之所以棘手，大概是因为汉语口语本来就没有副词，至少在划分词类时不必专门设立副词一类。书面语则当另论。上述场合的"然"，与现代汉语的"地"有相似处。副词后缀"地"其实也属于书面语，是为区别于形容词后缀"的"而添设的词类记号。

3.7　助词"的"和"得"及其构式

助词"的"具有形容词性，"得"具有副词性。这两个字的频繁出现，使得《官话词汇》的白话色彩大为增强。

前文讨论《葡汉词典》，谈及一种带"的"的动宾式，常用于表示某一行业的从事者（1.8.8节）。在《官话词汇》上，这种构式也十分活跃，如"把门的""唱曲的""打柴的""打刀的""磨面的""织布的""开袜铺的、做袜的"等等。并且经常先给出动词，再列出派生的"的"字式，以分别对译西语的动词与相应的名词或名词性短语，表示行为和行为者，如"打鼓"与"打鼓的"，"吹打"与"吹打的"，"搭船"与"搭船的"，"骑马"与"骑马的"，"赌博"与"赌博的"，"读书"与"读书的"。

单音形容词与派生的"的"字式，也经常一起出现，如"粗"与"粗的"，"贵"与"贵的"，"好"与"好的"，"黑"与"黑的"。若是中国人自己编字典，无论从前或现在，总不会把这一类"的"字式列为词目。但在西士眼里，这里的"的"却是必要的，因为单独一个实字不易判定词性，一旦用了"的"字式，其形容词的性质便能断定无疑。例如"横"，既是形容字也是动字，经派生得来的"横的"就只能是形容词。

双音节的形容词也类似，如"坚定""坚固""坚实"，各有各的"的"字派生式："坚定的""坚固的""坚实的"。三个词的情况不大一样："坚固""坚实"一般只作形容词，"坚定"却还是动词。《现代汉语词典》给"坚定"打上的词类标记，就分形、动两个。当年万济国编写《官话词汇》，也觉得"坚定"具有动词性，故而用以对译动词Establecer（确立、巩固），而把同根的形容词Estable（稳固的）译为"坚定的、约定的、决定的、坚固的"。如今我们编纂欧汉词典，在处理欧语形容词的时候会倾向于使用"的"字式，这种译法的始倡者，就是明末清初的西洋汉语词典。《官话词汇》尤其突出，遇到西语的形容词，多半对应以"的"字式。只需再引一例：Mouedizo（易波动的、不稳定的），译为"易动的、可动的、能动的、容动的、活动的"。

单音动词的后面附上"的"，表示行为的状态、性质或致使的结果。如动字"雕""吊""活""煎""腌"，其下各有"的"字式："雕的"（雕刻的物件），"吊的"（悬垂的），"活的"（有生命的），"煎的"（油炸的），"腌的"（腌制的）。双音动词的处理也类似，由"白送""充满""回转"派生成"白送的""充满的""回转的"。

"的"字式作为积极的构造成分，与"人""事"结合，生成众多名词性的词组或短语。《官话词汇》上，构式"……的人"超过140例，"……的事"也有40余例。从《〈葡汉词典〉〈汉法词典〉〈官话词汇〉中文词语索引》一册中可见相关构造的层级性：

从容—从容的—从容的人
非常—非常的—非常的人，非常的事
平常—平常的—平常的人
清洁—清洁的—清洁的人
丑陋—丑陋的—丑陋的事
胆小—胆小的—胆小的人
假善—假善的—假善的人
紧要—紧要的—紧要的事
不明白—不明白的—不明白的事
没相干—没相干的—没相干的事
会干事—会干事的—会干事的人
无廉耻—无廉耻的—无廉耻的人，无廉耻的事

关于怎样使用助词"的"，《官话词汇》上有多处说明。且有独立成条的"的"字，同义于书面语的"者"，用以对译复数定冠词Los、las、les。理解为复数，因为相应的构式不是特指某人某事，而是表示归作一类的人或事。

再来观察助词"得"。在动词和补语之间插入"得"，这种用法在明代语言里不但常见，而且字的写法也已稳定下来，与"的"明确

分开。《葡汉词典》就有不少例，如"说得是""说得明白""讲得多""讲得好""讲得清""生得好""死得快"；《汉法词典》也有"差得远""分得均""扮得好""生得好""说得当"等例。到了《官话词汇》，因为体量大，例子便更多，仅"生得"如何，就有（果子）"生得多"、（人）"生得好""生得端正""生得秀气""生得细腻娇柔"。其中有的搭配相当固定，属常用之列，如"生得好"，三部词典都收。

实字"得"自立成条，虚字"得"则无独立条目。查《汉法词典》，有单立的词目"得多、过"，对译以副词短语，表示超出所需、太多。《官话词汇》上，单独成条的是"得极""得紧"，附注提醒读者参考《官话语法》。上文提到（3.3节），万济国著《官话语法》，把这一类后置的"得"字式视为表示形容词最高级的程度副词，与前置的副词"至、最、太、十分"等意思相当。同属一类的还有"得很"，以及"到极""不过"。① 这里只来看一看三个"得"字式，应视为后置的副词。

"得极"，《葡汉词典》《汉法词典》都未见录。《官话词汇》和《官话语法》上虽有其形，也未提供用例。

"得紧"，明代语言里颇为常见，杨福绵曾经论及。② 见于《葡汉词典》的用法有十余例，如"大得紧""贵得紧""好得紧""穷得紧""要财得紧"。明以后，"得紧"渐少用，《汉法词典》上一例未现，《官话词汇》上也只见两例，"疼得紧"和"恶得紧"，等于说疼极、恶极。另外两例"得紧"不属其列，"紧"字用于实义："睡得紧"，即睡得重，睡得实；"雷雷叱叱得紧"，即雷声隆隆，一声紧接一声。

"得很"，《葡汉词典》《汉法词典》尚不显其迹。《官话词汇》上也只两例，"多得很"和"苦得很"。但《官话语法》还有两例，"好得很"和"妙得很"③，加起来便不应小视，为日后取代"得紧"的先声。

---

① Varo（1703：32）；瓦罗（2003：49）。副词"不过"，《官话词汇》有"痛不过""厉害不过"等例（pp.79, 172）。

② Witek（2001：133）。

③ Varo（1703：33）；瓦罗（2003：51）。

3.8 颠倒用字

由两个字组成的复合词，字序颠倒之后往往也可以成词。对于这种字序自由的构词现象，万济国很有些兴趣，在《官话词汇》上举出数十例，用缩略符号记为"e o ͣ."（反之亦然，倒过来也一样）。至于颠倒过来意思是否有变，他并没有细说。下列各词中间，词义不受字序正反影响的占大部分。有些词，今天用法不一，意思有别或者语体不同，那时候却可能是一样的。

名词，如"本心—心本""名声—声名""房间—间房""法律—律法""秋千—千秋""任责—责任""文礼—礼文""平生—生平""主教—教主""中怀—怀中"。

动词，如"许可—可许""专擅—擅专""欢喜—喜欢""抵当—当抵""游行—行游""透通—通透""啜吸—吸啜""铺床—床铺"。最后一例恐怕有误："铺床"，即"安设铺盖"，而"床铺"应该是名词。

形容词，如"壮健—健壮""威严—严威""盈满—满盈""危险—险危""轻重—重轻"。

方位词，如"旁边—边旁""面前—前面"。

有一类特殊的复合名词，字序的正反可能是方言差异导致的结果。《官话词汇》上有一处说，"猪母"也即"母猪"；类似的还有"马母""鸭母"，只是没有明示意思相同的反向构造。"猪母"一词复又见于《官话语法》第五章的第五节，那里谈到如何表示动物名词的自然性别，例如"鸡母""犬母""猪母"，"鸡公""犬牯""猪牯"。① 可对比《葡汉词典》，录有"豺母""狗母""驴母""狮母""狼母"等词。

3.9 《官话词汇》注音的若干特点

拉丁注音是一种工具，服务于汉语的实际目的有两重。目的之一，在于为汉语字词标记读音，例如本篇第一节述及的《葡汉词典》，以及语音书《西字奇迹》《西儒耳目资》，其上汉字与注音一并呈现。目的之二，在于用拉丁字母转写汉语的字词和语句，此种

---

① Varo（1703：38）；瓦罗（2003：59–59）。

场合并不出现汉字，纸面唯见注音，《官话词汇》及略早的《汉法词典》便属于此类。

万济国著《官话语法》，把汉语字词和语句悉数拉丁化，同样不写一个汉字，造成的印象是汉语完全可以与方块字脱钩，纯以拼音文字为书写工具。这应该不是万济国的初衷，他不写汉字大概是为了简化教学程序，指望新来教士尽快迈过日常口语关，然后可以转入下一阶段，开始读中国书并学作中国文。《官话语法》的最后三章讲述了语用须知，谈到在华西士不仅要学中国话，还得学会中国人待人接物的礼仪，包括登门拜访官员之前怎样写帖子，收到请帖之后怎样写回帖，如果对方地位显赫，回帖的字须写得小于常规，以表敬意和自谦等等。① 这类论述足以说明，传教士为适应中国生活需要掌握汉字，从事汉语教学不能不教写字和作文。

《官话词汇》上的注音有数万条，经过梳理和归整之后，便得到一张字音表（3.9.6节）。这张表虽能展示万济国注音体系的概貌，却显不出某些耐人寻味的细节，而恰恰是这类易被忽略的细节，尤能披露万济国注音的独异之处。

3.9.1 调符以及送气符的着落

让我们从字音表上显著可察的声调符号谈起。西方人接触汉语之初，可能尚未意识到声调是一种必要的辨义手段；或也许，有心者从一开始就对声调的功能有所认识，只是未及想出标记的办法。所以，最早的拉丁注音体系里并无声调符号的踪影，如《葡汉词典》（1580s），据信存有第一代来华耶稣会士的手迹；还有耶稣会士齐瑞诺草编的《汉西字典》（1604），都属于此类。但很快耶稣会就有了一套简便易行的声调符号，为利玛窦《西字奇迹》（1605）、金尼阁《西儒耳目资》（1626）二书全面采用。这套符号由五个调符组成，按中国人习见的顺序排列为：

阴平	阳平	上声	去声	入声
‑	^	`	´	ˇ

---

① Varo（1703：90–91、96–98）；瓦罗（2003：156、163–166）。

耶稣会始用的这套声调标记法，尤其适合于南官话，未几也被其他差会采纳并推广，以至传入欧洲，在汉学家中间通行。万济国《官话语法》和《官话词汇》所用的注音字母及拼法，虽然在一些方面有异于利玛窦、金尼阁，使用的调符及调值却完全一样。日后以其为基础，经过删汰与改造，便有现代汉语拼音四声的调符：阴平的符号维持不变，去声符改为阳平符，入声符改为上声符，而上声符则改作去声符。

关于调符的着落，如今的汉语拼音方案有一条不成文的规定：调符必须标于韵腹，即主元音的上方。这样操作的目的，在于规范书写，统一符号，而不是说一个音节的声调就取决于韵腹，与韵头或韵尾关系不大。综观早期西洋汉语著述中采用的拉丁注音体系，调符大可以随意着落，标于韵头、韵腹或韵尾之上，其效果都一样。但因为著者各有各的书写习惯或偏爱，可能会导致某种倾向性的选择。同样常见的是，一个调符跨越两个字母，包括在韵头和韵腹或者韵腹和韵尾。调符的位置如此自由，可见在注音者眼里，声调乃是整个韵母的特征，而非受辖于韵母的某一成分。另一方面，调符再怎样前挪或后移，也不会超出韵母的范围，说明声调被视为韵母的组成部分，与声母没有关系。

例如"长远"的"远"，若不计声调，现代汉语拼音作 *yuan*，万济国注音为 *iuen*，首字母 i 是声母，也即 y。标写声调之后，拼音为 *yuǎn*，而《官话词汇》音节表上与之对应的注音有三式，上声符或在韵头（*iùen*），或在韵腹（*iuèn*），或者在韵尾（*iueñ*）。统计结果显示，落于韵头、韵腹分别为11例、42例，见于韵尾仅1例。单凭"远"字，我们会觉得调符出现在韵尾属于例外，可以忽略不计，但再看同音的"粮、良、梁、凉"四字，调符在韵腹（*leâng*）总计为34例，而在韵尾（*leañg*）却达121例。至于40例"两"字，上声符全都落于韵尾（*leàng*）；"亮、量、晾"三字合计69例，去声符也悉数在韵尾（*leáng*）。

进一步观察，送气符"'"的位置也不固定，可以紧随声母，也可以在韵腹之后，或标于音节末尾。加上调符的波动，一个送气音节比非送气音节便有更多的写法："提、题、蹄"（*t'ŷ* 或 *tŷ'*）；"太、汰、态"（*ta'ý* 或 *t'áy*）；"透"（*te'ú* 或 *téu'*）；"康、慷、糠"（*kān'g* 或 *kāng'*）；"汤、嘡"（*tān'g*，*tāng'*，*tañ'g*）；"堂、唐、塘、糖"（*tân'g*，*târg'*，*tañ'g*，*tañg'*）；"强、抢"（*kiàng'*， *kiàn'g*，*kiaǹ'g*，*kià'ng*）。

凡此笔者在转录中都悉从原写，而不代予统一。因为我们不清楚万济国是否打算统一，并且按怎样的模式去统一。

3.9.2 一字双调

如上所见，每一字音不多不少都带一个声调符号。这本来是汉字注音的常例，无须花费力气讨论。试比较现代汉语拼音，每个字音也只允许标一个声调。字音可以不带声调，即轻声，而不可能同时出现两个调。可是在《官话词汇》上，我们发现了一种奇怪的现象：一个字音标注两个声调，虽然不多见，却也有一二十例。遇到这种情形，读者不免犯难，究竟取哪个调为好。首先看这样一例，留意黑体部分：

Baston（棍子、杆子）. *chańg* 杖.|. *kuén chańg* 棍杖.|. ***kùáy cháng*** 拐杖.（p.31）

把字音 *kùáy* 的两个调符分解开来，便有：*kùay*，上声；*kuáy*，去声。今人会说，前一个是正确的，"拐"字只能有上声一读。我们知道《官话词汇》是一份手稿，根据这一处书写墨色的浓淡，我们猜测起初可能写的是 *kuáy*，后来觉得发为上声才对，便以浓笔添加了上声符"丶"，而先写的去声符又无法擦除，于是就留下了并排的两个调符。不过也存在另一种可能，即万济国的发音合作人所提供的字音，或者他自己从日常话语中听到的字音，本来就有两个调。至于这两个字调反映的是方音差异，还是连读变调的结果，或只是个人发音的特点，很难澄清。这与前文讨论过的"行"字（3.2.4节），兼有阳平和去声两个调，借以分别动、名二性，很不一样。类似的例子还有：

Olas grandes（巨大的浪头）…… *lańg **kùén*** 浪滚.（p.157）——按："滚"，上、去二调，上声浓笔。

Puro, limpio（纯净的，干净的）…… *vû **tièn** tiě* 无玷的.（p.182）——按："玷"，上、去二调，上声浓笔。

Subir（登上、升上）. ***xańg*** 上.|. …… *xàńg tiēn'* 上天.（p.204）——按："上"，上、去二调，上声浓笔。

Muger, vt sic（女人，总称）. *niù jiñ* 女人.|. …… *nìù kiuén* 女眷.

（p.146）——按："女"，上、去二调，无浓淡分别。

Talento, juyzio, o habilidad para todo（天分，智力，或做一切事情的能力）. *puèn çú* 本事.（p.206）——按："本"，上、去二调，无浓淡分别。

Degollar（斩首）…… *tuón têu'* 断头.|. *tuòn xèu* 断首.|. *tuòn xèu* 断首. ……（p.67）——按："断"，上、去二调，无浓淡分别。接下来的"断首"，写了两遍，其中的"断"字只标上声。而另有一条，两例"断"均标为去声：Cortar la cabeça（割头）. …… *tuón têu'* 断头.|. *tuón xèu* 断首.（p.60）

由于《官话词汇》上所见的汉语词均为注音形式，并不写出汉字，有时一字双调的情况会使我们难以决断，某个注音该怎样还原。例如：

Expectacion, fama, o esperança de vno（一个人的期望、名望、声誉等）. *kiǹg niàng*. ……（p.97）——按：音节*kiǹg*含两个调符，一为上声，一为去声。是"景仰"，还是"敬仰"？从西语词目的意思来看，二者都能成立。

Reuolcarse（翻滚、翻转）. *chēn chuèn* 辗转.|. *fàn fǒ* 反复/翻复.|. *fān xīn* 翻身. ……（p.186）——按：*fàn*，一字二调，上声*fàn*和阴平*fān*，其词遂有"反复"和"翻复"，意思与西语词目都相合。

对于一字双调的处理手法和依据，万济国本人有没有给过说法呢？有一条的后尾，附上了一句说明，告诉读者他是在有意识地这样做：

Escojer（选择、挑选）. *siùen* 选.|. *siùen çhě* 选择.|. *kièn siùen* 拣选.|. *kièn çhě* 拣择. el *siùeń* tiene tercera, y quarta tonada（"选"字可读第三声，也可读第四声）.（p.90）

"选"（選），一般读为上声，作去声很少见。查《康熙字典》，酉集下的辵字部引有《广韵》先兖切，《集韵》《韵会》《正韵》须兖切，也均为上声。然而又引《广韵》思管切，《集韵》损管切，并音算，义同数，遂有读为去声的可能。用法如《前汉·公孙贺传赞》："斗筲之徒，何足选。"注解称，此例"选"字的音和义均同"算"，"何足选"，意即算不上什么。照此看来，万济国称该字又可读为去声，根据的是中国韵书上的说法。这让我们想起他在《官话词汇》的"致读者词"里说过的一句话："本书提供的所有字音，都取自中国人自编的字典，而这类字典上的读音依据的便是南京地区的发音。"① 问题是，字典上提供的发音可以是时音、今音、当代音，也可以是古音、旧音、读书音，如果一味恪守字典注音，就有可能偏离活语言的真实发音。也许，万济国是为求折中，顾全某些两可的字音，才想出了一字双调的标写法。

3.9.3 一字兼注二音

一字二音或多音，称为多音字，如"长"，生长、长个儿的"长"与长度、长短的"长"，写法虽一样，实为两个词。外国人学汉语，没学到一定程度，有时会把读音搞混。《官话词汇》上的多音字，就经常标错。如词目Barba（胡须），下有缩略的内词条larga（长长的[胡须]），对译为 *chañ'g siŭ* "长须"，这一例"长"是长短的"长"，注音确当不误；随后又有动词短语começar à salir la barba（开始长胡子），对译的也是动词短语，有两个：*siñ chañ'g siŭ* "新长须"、*chū' chañ'g siŭ* "初长须"，两例"长"字的注音却都出了错。类似这样的失误，透露了词条编写过程中的某一道工序：先是中国师傅为万济国写下对译的汉语字词，而他可能事后才照着字来注音，以致发生了误读；或者，也可能是从字典、小说等上面取来例词，想当然地给出注音，没有请中国师傅核实。

但这里说的一字兼注二音，并不属于多音字，而是同一个单音词，只是读音不一样，反映了北官话与南官话并存或正音与方音相杂的现象。下面十二组字音，标为黑体者多数是北官话音，与今天普通话里的读音相合，非黑体则为南官话音或地方音：

吃 ***chě'***, kiě'　　　　　初 ***chū'***, çhō'
疮 ***choāng'***, çhāng'　　柿 ***xý***, çú
符 ***fû***, hû　　　　　　　硬 ***iń'g***, geń'g

---

① Coblin（2006：17）。

弦 **hiên**, hiuên　　　严 岩 研 **iên**, niên
鬼 **kuèy**, kiū　　　六 **liéu**, lǒ
晾 **leáng**, lańg　　　酿 **niàng**, jáng

而且，万济国经常把这类成对的差异安排在同一条内，要求学习者了解北南官话音或正俗字音有所区别：

Beuer（饮、喝）. **ki'ě** 吃.|. **ch'ě** 吃.|. **iń** 饮.（p.32）

Paçer（牲畜吃草，放牧）. **xě çhào'** 食草.|. **ki'ě çhào'** 吃草.|. **ch'ě çhào'** 吃草.（p.161）

Chiqueyes frescos（新鲜的柿子）. **xý çhǔ** 柿子. – otra especie（另一品种）. **cú çhǔ** 柿子.（p.47）

Criar postemas, o llagas（生溃疡，或糜烂）. **seńg çhān'g** 生疮.|. **seńg choān'g** 生疮.（p.61）

Dura cosa（坚硬的事物或质地）. **geńg** 硬.|. **ińg** 硬.（p.80）

Peñas, o peñascos（岩石，巨石）. **xě iên** 石岩.|. **xě niên** 石岩.（p.170）

Rigurosamente（严厉、死板地）. **geńg** 硬.|. **niên** 严.|. **iên** 严.（p.192）

Seis（六）. **lǒ** 六.|. **lǒ kó** 六个.|. **liéu kó** 六个.（p.198）

Calendas, primer dia de luna（朔日，即阴历每月的第一天）. **çhū' iě** 初一.|. **çhō' iě** 初一.（p.40）

Siete de luna（阴历月的第七天）. **çhū' çh'iě** 初七.|. **çhō' çhi'ě** 初七.（p.200）

在对译之后，有时还会另加注解，指出一字二音只是读法的问题，词义没有分别。如词目Bubas（脓疮），对译以"天疱疮、鱼口疮、棉花疮、杨梅疮、木棉疮"，然后提请读者留意："'疮'字读为choān'g或çhān'g，所指一样，并无区别。"我们看到，这一条的五例"疮"一律拼作choān'g（翘舌，音同窗），而不是çhān'g（非翘舌，音同苍）。对整部词典作一通检，发现"疮"字读为choān'g有12例，读作çhān'g只有4例。再看"吃"字，读为ch'ě（翘舌，音同尺）达48例，而ki'ě（非翘舌，音同迄）仅8例。凭"疮、吃"二字的注音，能否推断《官话词汇》所记录的北音盛于南音呢？不能。因为反过来的例子也一样多，即以南音为主，如"硬"，读为geng（去声，《广韵》五争切）多达41例，读作ing（音同映）仅2例；"六"，读为lŏ（音同鹿，入声）23例，而liéu（音同溜，去声）仅只1例。

3.9.4 儿化词与儿化音

前文讨论《汉法词典》的注音系统时，曾谈及儿化现象。《葡汉词典》上，儿化词还难觅踪影。《汉法词典》无心中记下了三四个，尚不能说是一种显著的词汇语音现象。到了《官话词汇》，儿化词才开始大量涌现，且明显可见编著者是在有意识地收录，不时还通过与同义的非儿化词对照，展示北南官话的差异。

词缀"儿"，以接在物质名词的后尾居多，《官话词汇》上有"扣儿、线陀儿、褂儿、汗布儿、铃儿、架儿、花骨朵儿、蕊儿、姜头儿、脑骨儿、绾角儿、阶坡儿"等。有时也出现在表示些许、略微之义的形容词或数量词后面，如"一点儿、差不多儿、增些儿"。一般说来，儿化词与非儿化词形成对应，有前者就有后者，反之则未必。例如"扣儿"，相应的非儿化词有"纽扣""扣子"；或者"褂儿"，有"褂子"；再如"阶坡儿"，不仅有"阶坡"，还有"阶级""台坡"。有时只出现儿化词，如"姜头儿"，并未出现非儿化词"姜头"，也不妨推断后者在口语里面有其存在。

虚化的"儿"经常保留有实字"儿"的意思，表示小、幼、嫩等义。如"铃儿"指马铃，"姜头儿"指嫩姜；"架儿"指织工绕线的轴架，而非建筑的房架。儿化词与非儿化词同时并现，形成的对照尤其醒目，如以下诸条：

Açepilladuras（刨花）．*tūy' siě* 推屑．|．*pa'ó kū' ûl* 刨刳儿．|．*pa'ó hoā* 刨花．（p.5）

Atadura, benda（带子，绑带）．*pāo pú* 包布．|．*pāo tiě fŏ' ûl* 包的袱儿．（p.25）

Bandera（旗帜）．*kỷ'* 旗．|．*liń kỷ'* 令旗．– pequeña（小型的）．*kỷ' ûl* 旗儿．|．*kỷ' çhủ* 旗子．（p.29）

Botones, capullos de flores（花骨朵，蓓蕾）．*hōa jùy* 花蕊．|．*hōa kǒ' t'ú ûl* 花骨朵儿．|．*jùy ûl* 蕊儿．|．*hōa liù* 花绺．（p.35）

Borla（穗、流苏）．*tāo'* 绦．|．*tāo' xéu* 绦绥．|．*tāo' ûl* 绦儿．（p.39）

Lienço, pañuelo（手帕，手巾、头巾等）. *xèu kiñ* 手巾.|. *hań kiñ* 汗巾.|. *hań pú ûl* 汗布儿. – toalla（毛巾）. *xèu p'á* 手帕.（p.128）

A pique de ett^a., o, poco se differencia（接近，相差无几，或略有区别）. *chā' pỏ tō* 差不多.|. *chā' pỏ tō ûl* 差不多儿.（p.17）

Poco mas, o menos（略多或略少、或多或少）. *chā' pỏ tō* 差不多.|. *chā' pỏ tō ûl* 差不多儿.|. *tá liỏ* 大略.（p.175）

说到后缀"儿"和儿化音，我们首先想到的是北京话。其实老南京话里也有成批的儿化现象[①]，所以单凭儿化音一条并不能将北京话与南京话判别开来。可是出了南京地区，其他地方的南官话就未必具有儿化的倾向，而末了两条并列的"差不多"和"差不多儿"所体现的正是广义的南官话与北官话的词汇语音差异。

3.9.5 讹音

这里说的讹音，特指由于读白字而给错注音。前文谈到（3.9.3节），万济国曾把生长的"长"混同于长短的"长"。无论哪个"长"，都是常用的单音词，写出的字也很简单，难以想象中国人会读错音。但如果换成不常见的字，念书不多的中国人便有可能读错，何况学汉语的外国人，读了白字并不让人感到意外。

"城垣、周垣"的"垣"，两处都误识为"坦"，转写为*tàn'*。

"鹿鸣宴"的"鹿"，误认作"麂"，转写为*kỳ*。普通名词"鹿"，以及复合词"鹿脯、小鹿、山鹿、鹿鞭"等中的"鹿"，拼为*lỏ*，均不误。按理说，"鹿"字更普通，"麂"字才生僻，易读错的应该是后者。

"摄权、摄位"的"摄"，以为其音同于"聂、镊"，遂转写成*niě*。而另一处，"取摄人心"的"摄"拼作*xě*（p.103），则不误。

"细腻、去腻"的"腻"，注音时受到右旁误导，转写作*úl*。单独一个"腻"字，以及"腻气、头腻、油腻"的"腻"，读为*ný*，都对。

"碾米"的"碾"，读音误从"展"，转写为*chèn*。可对比"碾油"的"碾"，读作*niên*，并不误。

"逐年、逐时、逐个、逐口、逐步"的"逐"，误认作"遂"，

[①] 郭骏（2013：43）。

转写成 *súy*。"逐双、逐妻、驱逐、逐蝇"的"逐",作 *chǒ*,都正确不误。

学说中国话不难,识认中国字才难。识字这一关,万济国看来还没有完全过。

3.9.6 《官话词汇》字音表

此表先按万济国注音系统的字母顺序排列音节,每一音节再以阴、阳、上、去、入五声为序,列出《官话词汇》所录的字音(方括号内为对应的现代普通话音节),有则记之,无则空缺。从表中可见:(1)送气符和调符的着落相对自由,凡属异标,均置于圆括号内;(2)同一字音的异拼形式,也置入圆括号;(3)前鼻音与后鼻音有所分别,但也不时相混;(4)翘舌音与非翘舌音,经常相混;(5)多音字如"差""长",异读字如"绿""硬",都据实记录。

cha [zha]
chā 拃渣 *chá* 诈蚱 *chǎ* 扎札喳

cha' [cha, ca]
chā' 叉杈岔差 *châ'* 查茶搭 *ch'á* 鲊 *chǎ'* 差插镲察擦

chan [zhan]
chàn (chań) 斩盏 *chán (chań)* 站绽蘸

chan' [chen]
ch'ań 谶

chang [zhang]
chañg 张章獐彰樟 *chañg (chàng)* 长涨掌 *chańg* 丈仗帐杖账胀涨障瘴

chang' [chang]
chañg' (chān'g) 昌猖娼菖 *chân'g (chań'g)* 长场肠尝偿常裳嫦 *chàn'g* 厂场 *cha'ńg* 倡唱

chao [zhao, sao]
chāo 招沼朝 *chào* 爪肇 *cháo* 召兆诏昭照罩搔

chao' [chao, cao]
chāo' (chā'o) 抄超剿操 *châo'* 朝潮 *chào' (chà'o)* 吵炒

chay [zhai]
chāy 斋 *cháy* 债寨

chay' [chai, cai]
chāy' (chā'y) 钗差 *châγ'* 柴 *chày' (chà'y)* 采踩

che [zhe]

chē 遮   chè 者   ché 这蔗鹧   chě 折浙哲褶

chě [zhi]

chě 只汁执识直任质炙织值职植掷鸷蜇①

che' [che]

chē' 车   chè' 扯   chě' 坼彻撤

chě [chi]

chě' (ch'ě) 尺斥叱吃赤饬敕

chen [zhan, zhen]

chēn 沾毡粘瞻   chèn 展   chén 占战颤疹

chen' [chan]

chên' 缠躔   chèn' 谄阐

cheu [zhou, chou]

chēu 舟州周洲   chèu 帚杻   chéu 咒昼味胄筹

cheu' [chou]

chēu' (chē'u) 抽   chêu' (che'û) 仇绸稠酬   chèu' (chè'u) 丑   ch'éu (che'ú) 臭

chin [zhen]

chīn (chiñ) 针珍砧真斟臻   chìn (chiǹ) 诊枕   chín (chiń) 阵震镇

chin' [chen]

chīn' 嗔   chîn' 尘臣沉陈   chi'ń 趁

ching [zheng, zhen]

chīng (chiñg) 贞征诤蒸徵   chìng 拯整   chíng 正证政症

ching' [cheng, chen, zhen]

chĭng' (chĭn'g) 称侦   chîng' (chîn'g, chiñg', chiñ'g) 成丞呈承诚城乘程澄   chìng' (chin'g) 逞   chíng' (chi'ńg) 秤称

cho [zhuo, zhu]

chǒ 灼卓斫浊捉桌著啄着琢濯镯   chǒ 竹竺逐烛轴杵筑粥嘱

cho' [chuo, chu]

chǒ' 龊   chǒ' (ch'ǒ) 触矗

choang [zhuang]

choāng 妆庄桩装   choáng (choańg) 壮狀撞

---

① "蜇"字仅一例，有可能为 chě 之误。

choang' [chuang, zhuang]

choān'g 创疮窗　*choân'g (choâ'ng)* 床　*cho'áng (choa'ńg)* 创撞

chu [zhu]

chū 朱诛珠诸猪铢蛛潴　*chù* 主煮　*chú* 住苎注拄驻柱炷著蛀铸

chu' [chu]

chū' (chū') 初枢褚　*chụ̌' (chû')* 除锄厨　*chù' (chù')* 杵处　*chú' (ch'ú)* 处　*chụ̌' (ch'ụ̌, chụ̌')* 出绌

chua [zhua]

chūa (chōa) 抓

chue [zhuo]

chǔe (chuě) 拙啜嘬

chuen [zhuan]

chuēn 专砖　*chuèn (chùen)* 转

chuen' [chuan]

chuēn' (chuē'n, chūe'n, chụ̄e'n) 川穿　*chuê'n (chûe'n)* 传船椽　*chuèn' (chuè'n, chù'en)* 喘　*chù'én* 串钏揣

chun [zhun]

chùn (chùn) 准

chun' [chun]

chūn' 春　*chùn' (chù'n)* 蠢

chung [zhong]

chūng (chuńg) 中忠终盅钟衷　*chùng (chuǹg)* 肿种冢　*chúng* 中仲众种重

chung' [chong]

chūn'g (chuñ'g, chu'ńg) 充冲舂　*chûn'g (chuñ'g)* 虫重崇鑫　*chùn'g* 宠　*chu'ńg* 铳

chuy [zhui]

chūy 追　*chúy* 队坠赘硾

chuy' [chui, cui, tui]

chūy' (chū'y) 吹炊催推　*chûy' (chû'y, chuŷ')* 垂捶棰锤槌

chy [zhi]

chȳ (chī) 之支芝枝知肢脂蜘　*chỳ* 止只旨址纸指趾黹　*chý* 至志制治赘致鸷痔室智痣滞置

chy' [chi, qi]

chȳ' 鸱痴螭魑   chý' 迟池驰持   chỳ 齿耻歜   chý' (ch'ý) 翅跂

cha [jie, za]

çhā 嗟   çhǎ 杂咂

cha' [ca]

çhǎ' 擦

çhan [zan, zen]

çhān 簪   çhàn 拶   çhán (çhań) 斩暂錾赞劗谮

çhan' [can, chan]

çhān' (çhā'n) 参掺搀餐   çhân' 残蚕谗馋潺   çhàn' (çhà'n) 惨产铲

çhang [zang]

çhāng 脏赃   çháng (çhańg) 脏葬藏

çhang' [cang, chuang, qiang]

çhān'g 仓创苍沧怆疮跄舱   çhâng' (çhân'g) 藏

çhao [zao, sao]

çhāo 遭糟   çhào 早枣蚤澡   çháo 皂灶造躁骚

çhao' [cao]

çhāo' 操   çhâo' 嘈槽   çhào' (çhà'o) 草   çhaó' 糙

çhay [zai, zi]

çhāy 灾哉栽   çhày 宰滓载   çháy 在再载

çhay' [cai, chai]

çhāy' (çhā'y) 猜   çhây' 才材财豺裁   çhày' (çhà'y) 采採彩踩   çháy' (çh'áy) 菜

çhe [ze, zei, zhai]

çhě 仄则责择泽贼窄

çhe' [ce, chai, zha]

çhě' (çh'ě) 册拆侧测恻策栅

çheng [zeng, zen, zheng]

çhēng (çheńg) 曾增憎争睁   çhèng 怎   çheńg 赠甑

çheng' [ceng, cheng]

çhēng' (çhēn'g, çhē'ng) 撑瞠   çhêng' (çhên'g) 层曾

çheu [zou, zhou]

çhèu 走肘   çhéu 奏皱辏骤

çheu' [cou, chou]

çhēu' 搊   çhêu' 愁   ch'éu (che'ú) 凑

çhiang [jiang]

çhiaṅg 将浆   çhiaǹg 奖桨   çhiáng (çhiaṅg) 匠将酱

çhiang' [qiang, xiang]

çhiān'g (çhiañ'g) 呛枪   çhiâng' (çhiân'g, çhîa'ng, çhiañ'g) 墙樯详庠祥翔   çhiàn'g 抢

çhiao [jiao, qiao, chao]

çhiāo 椒焦蕉礁醮撬   çhiào 巢剿

çhiāo' [qiao]

çhiāo' 锹   çhiâo' 憔樵瞧   çhiào' 悄   çhi'áo 诮

çhie [jie, ji]

çhìe (çhiè) 姐   çhié 借藉   çhiě 节疖劫接捷睫截即

çhiě [ji]

çhiě 积迹疾脊绩寂集蒺嫉喊稷鲫瘠

çhie' [qie, ze]

çhiè' (çhi'è) 且   çhiě' (çhi'ě) 切妾窃惬喷

çhi'ě [qi]

çhi'ě (çh'iě) 七漆戚

çhien [jian]

çhiēn (çhieñ) 尖煎   çhièn 剪践   çhién 荐饯贱渐践溅僭

çhien' [qian]

çhiēn' (çhieñ', çhīe'n) 千迁签   çhiên' (çhiê'n, çhîe'n) 前钱潜   çhièn' (çhiè'n, çhìe'n) 浅

çhieu [jiu]

çhiēu 揪   çhièu 酒   çhiéu 就

çhieu' [qiu]

çhiēu' 秋鳅   çhiêu' (çhîe'u) 囚

çhin [jin]

çhīn 津   çhín (çhiń) 进尽浸播戬

çhin' [qin]

çhīn' (çhiñ') 亲   çhìn' 寝

çhing [jing]

çhiṅg 晶菁睛精蜻   çhiǹg 井警   çhíng 阱净静

ching' [qing]

chiñg' (chīn'g, chiñ'g) 青清蜻　chiñg' (chîn'g, chíñ'g) 情晴　chiǹ'g 请

cchio [jue, jiao, zhuo]

chiǒ (chiǒ) 爵嚼酌

chio' [que]

chiǒ' (ch'iǒ) 鹊

chiu [ju, jiu]

chiṵ (chīṵ) 苴疽　chiù (chìu) 诅鹫　chiú 聚

chiu' [qu]

ch'iṵ 蛆趋　chiù' (chì'u) 取　chi'ú 娶趣

chiue [jue]

chiuě (chiuě) 绝厥

chiuen [juan, shun]

chiṵēn 镌　chiụen 吮

chiuen' [quan, shuan]

chiụe'n 栓　chiûe'n (chiûe'n) 全权泉

chiun [quan, jun]

chiṵn (chiūng) 悛　chiún (chiu'ń, chi'ún) 俊峻

cho [zuo, zhuo, zao]

chò 左　chó 坐座做　chǒ 作昨凿濯

chǒ [zu, cu]

chǒ 足卒族蹙

cho' [cuo, chuo, chu]

chō' 初搓磋　ch'ó 挫锉撮　chǒ' 措错撮戳

ch'ǒ [cu]

ch'ǒ 卒猝促簇

chu [zu, zhu]

chū 租　chù 诅阻组祖　chú 助苎俎

chu' [cu, chu]

chū' 刍粗初　chù' 楚　ch'ú 醋

chụ [zi, zhi]

chụ 姿资滋孳髭　chù 子仔籽梓紫　chú 自字渍秩

çhụ' [ci]

çhū' (ch'ū) 雌疵　çhû' (ch'û, çû') 词祠瓷辞慈磁鹚　çhù' 此　çhú' (ch'ú) 次刺

çhun [zun]

çhūn 尊遵

çhun' [cun]

çhūn' 村　çhûn' (çhû'n) 存　ch'ún (chu'n) 寸

çhung [zong]

çhūng (çhuñg) 宗棕踪鬃　çhùng (çhuǹg) 总　çhuńg 纵

çhung' [cong]

çhūng' (çhūn'g) 葱聪　çhûn'g 从丛　çhuǹg'

çhuon [zuan]

çhuōn 钻　çhuón 钻赚撰

çhuon' [cuan]

çhu'ón 串窜篡

çhuy [zui]

çhùy 嘴　çhúy 最罪醉

çhuy' [cui, chui]

çhūy' (çhū'y) 催　çhûy' 榱槌　ch'úy 脆悴

çhy [ji]

çhỳ 挤　çhý 伎际济祭

çhy' [qi, ji]

çhȳ' 妻栖凄　çhý' 齐脐霁　ch'ý 砌

çu [si, shi, ci]

çụ (çū, sụ, sū) 司丝私思斯蛳厮师狮　çù (çù) 死史使　çú (çú) 巳四似伺祀肆赐嗣士侍事

fa [fa]

fǎ 乏发伐法珐罚

fan [fan]

fān 帆番翻　fân 凡矾烦繁　fàn (fàn) 反返　fán (fań) 犯饭贩

fang [fang]

fañg 方坊芳妨　fâng (fañg) 房防　fàng 仿访纺　fańg 放

feu [fou, fu]

fêu 浮　　*fèu* 否　　*feú* 覆

fo [fu]

fó 伏①

fǒ [fu]

fǒ 伏复服茯袱蔔福腹蝠缚覆

foe [fo]

foě (foě) 佛拂

fu [fu]

fû 夫肤　　*fû* 扶麸符　　*fù* 抚府斧俛俯脯腑　　*fú* 父付负妇附咐赴驸副赋傅富腐

fuen [fen]

fuēn 分芬吩纷　　*fuên* 坟焚　　*fuèn* 忿粉愤　　*fuén (fueń)* 分份奋粪愤

fung [feng]

fuńg 丰风封疯峰锋蜂　　*fuńg* 逢缝　　*fuǹg* 奉　　*fuń* 凤讽奉俸缝

fy [fei]

fȳ (fī) 飞妃废非诽绯霏　　*fý* 肥　　*fý* 吠肺沸费榧

gan [an]

gān 安鞍　　*gán (gań)* 岸按谙暗案

gang [ang]

gańg 昂

gao [ao]

gâo 熬鳌　　*gào* 袄　　*gáo (gaó)* 傲拗奥澳

gay [ai]

gāy 哀埃　　*gáy (gaý)* 艾爱碍

ge [e]

gě 额轭

gen [en]

gēn 恩

geng [ying]

geńg 硬

---

① "俯伏、埋伏" 的 "伏"，去声 fó 十二例，入声 fǒ 三例。

geu [ou]

gēu 沤瓯殴   gèu 呕偶耦

go [e, wo]

gô 囮哦娥鹅蛾   gò 我   gó 卧饿   gǒ 愕腭鹗鳄

goey [wei, hui]

goêy 威煨痿   goèy 为危违围桅唯逶帷遗   goèy 伪委逶   goéy 卫为位纬胃秽喂慰

gu [wu]

gū 乌污呜   gû 吾蜈   gù 五午忤吾   gú 恶悟寤   guǒ 窝①

han [han, hang]

hān 蚶   hân 含函涵衔寒   hàn 罕颔喊   hán (hań) 汉汗吭旱焊焊颔翰

hang [hang, xiang]

hâng (hañg) 行航   hàng 吭   háng 项

hao [hao]

hâo 毫   hào 好   háo 号好耗

hay [hai]

hây 孩   hày 海   háy 害

he [he, xia, hei]

hě 吓黑

hen [hen]

hên 痕   hèn 很狠   hén (heń) 恨

heng [heng]

heñg 恒痕横

heu [hou]

heū 齁   hêu 侯喉猴   hèu 吼   héu (heú) 后厚候

hia [xia, ha]

hiâ (hîa) 虾蛤瑕霞   hía (hiá) 下夏蟀   hiǎ 匣狎洽狭挟峡瞎辖黠

hiang [xiang]

hiāng (hiañg) 乡香   hiañg 降   hiàng (hiañg) 享响饷晌   hiáng (hiañg) 向项巷

hiao [xiao]

hiāo 哮枭啸鸮   hiào 晓   hiáo 孝佽效校

---

① 动词"窝"（p.79），读音和拼法均仅此一例。

hiay [xie, hai]

hiây 鞋骸　　*hiày* 骇蟹　　*hiáy* 械懈

hie [xie]

hiĕ 协挟胁歇揭蝎撷携

hiĕ [xi]

hiĕ (hiĕ) 吸隙

hien [xian]

hiēn 轩① 　*hiên (hîen)* 闲贤弦咸娴嫌　　*hièn* 显限险　　*hién* 县现掀陷献

hieu [xiu]

hiēu 休　　*hièu* 朽　　*hiéu* 嗅

hin [xin]

hīn (hiñ) 欣

hing [xing]

hiñg 兴馨　　*hîng (hiñg)* 刑行形　　*híng* 行杏幸

hio [xue]

hiŏ 学

hiŏ [xu]

hiŏ 畜

hiu [xu]

hiū 圩吁虚嘘墟　　*hiù* 许

hiue [xue]

hiuē 靴　　*hiuĕ (hiuĕ)* 血

hiuen [xuan, xun]

hiuēn (hiŭen) 喧萱勋　　*hiuên (hiŭen, hiuên)* 玄弦眩悬　　*hiuén (hiuén)* 楦

hiun [xun]

hiūn (hiūn) 熏　　*hiún (hiuń)* 训

hiung [xiong]

hiūng (hiuñg) 凶兄汹胸酗　　*hiûng* 雄熊

ho [he, huo]

hō 呵　　*hô* 禾和何河荷　　*hò* 火伙　　*hó* 货贺祸　　*hŏ* 合盒涸喝褐鹤

hŏ [hu, he]

hŏ 忽笏核

---

① "轩昂"的"轩"（p.92），仅一例。

hoa [hua]

hōa (hoā) 化花画   *hôa (hoâ)* 划华哗   *hóa (hoá)* 化画话   *hoǎ* 滑

hoan [huan]

hoân 还环   *hoàn* 缓   *hoán* 幻换患

hoang [huang, kuang]

hoāng 荒慌   *hoâng (hoaĝ)* 皇黄惶潢蝗磺   *hoàng* 恍谎   *hoáng* 况

hoay [huai]

hoây 怀淮槐   *hoáy* 坏

hoe [huo]

hoě 或获惑

hoen [hun]

hoēn 昏浑荤婚混   *hoên* 浑魂   *hoén* 浑混

hoey [hui]

hoēy 灰茴挥辉   *hoêy* 回   *hoèy* 贿悔毁   *hoéy* 会诲绘慧晦惠喙

hu [hu, fu]

hū 呼   *hû* 狐胡壶符葫湖琥瑚蝴糊觳   *hù* 沪虎   *hú* 户互护腐

hung [hong, heng]

hūng 烘轰   *huńg (hûng)* 红宏虹洪横

huo [huo]

huǒ 活

huon [huan]

huōn 欢   *huôn* 还完   *huón* 唤

hy [xi]

hȳ 希牺稀嘻嬉   *hỳ* 喜嬉   *hý* 戏系

ia [ya]

iā (yā) 丫呀鸦   *iâ* 牙芽衙   *ià* 伢哑雅   *iá* 砑   *iǎ* 压押鸭

iang [yang]

iāng 央殃鸯秧   *iâng (iaǹg)* 扬羊阳杨佯垟洋   *iàng (iaǹg)* 养痒   *iáng (iańg)* 样恙

iao [yao, ao]

iāo 凹妖腰   *iâo* 肴窑谣摇遥鹞   *iào* 夭咬舀   *iáo (yáo)* 要拗耀

iay [ai, ya, ye]

iāy 挨   *iây (iaŷ)* 涯崖椰   *iày* 矮   *iáy* 隘

ie [ye]

iê (yê) 爷耶椰　iè 也野　ié (yé) 夜　iě 叶页咽

iě [yi, ye]

iě 一弋亦抑佚译驿绎易挹益逸溢敠翼烨液腋噎

ien [yan]

iēn 胭烟阉淹腌　iên (ień) 延严言岩炎盐涎筵颜檐　ièn 晏掩眼偃演
ién (ień) 厌砚艳宴谚焰雁餍燕

ieu [you]

iēu (ieū) 忧幽　iêu 尤由犹油游　ièu (yèu) 友有诱悠　iéu (ieú) 又右幼佑侑柚宥黝

in [yin]

iñ 因阴荫音姻咽湮　iń 银淫鲼　iǹ 尹引饮蚓隐　iń 印

ing [ying, yin, yun]

iñg 应英莺罂缨樱鹦膺鹰　ińg 吟迎盈楹蝇凝赢　iǹg 影　ińg 应映硬孕

io [yue, yao]

iǒ (yǒ) 约跃岳药钥

iǒ [yu, yue]

iǒ 玉乐育郁狱浴欲

iu [yu, yi]

iū 于淤　iû (iū) 余臾鱼渔隅逾愚舆　iù 与予伛宇羽雨语谀愈　iú 饫预异围誉遇御谕喻寓豫　iú 役疫域

iue [yue]

iuě 月悦钺越

iuen [yuan]

iuēn 冤渊鸳　iuên 元团园员鸢原圆铅缘源辕橼　iuèn (iùen, iueǹ) 远
iuén 怨院愿

iun [yun]

iún 云纭耘　iùn 允　iún 运韵

iung [yong, ying]

iuñg 痈　iûng (iuñg) 佣荣容庸溶熔融雍营萤　iùng (iuǹg) 永拥勇涌踊
iúng (iuńg) 用

jang [rang, niang]

jaň 瓤　jàng 嚷　jańg (jáng) 让酿禳

jao [rao]

jâo 饶绕　*jào* 扰绕

je [re]

jè 惹　*jě* 热

jě [ri]

jě 日

jen [ran]

jên (jeñ) 然髯　*jèn* 染

jeng [reng]

jeńg 仍

jeu [rou]

jêu 柔揉鞣　*jèu (jeù)* 蹂

jin [ren, lin, yin]

jîn (jiń) 人仁　*jìn* 忍　*jiń* 刃认任赁龈

jo [ruo]

jǒ 若

jǒ [ru, ruo, rou]

jǒ 辱褥弱肉

ju [ru]

jû (jû) 如儒　*jù (jù)* 乳　*jú* 嚅

juen [ruan]

juèn 软

jun [run]

jún (juń) 闰润

jung [rong]

juńg 戎绒容

juy [rui]

jùy 蕊　*juý* 蚋锐

kan [gan, jian]

kān 干甘奸杆肝秆柑竿　*kàn* 赶敢感　*kán (kań)* 干

kan' [kan, qian]

kān' 刊龛堪　*kàn' (kà'n)* 坎砍　*ka'ń* 看嵌

kang [gang]

kañg 刚纲钢缸   *kańg* 杠

kang' [kang]

kāng' (kān'g) 亢扛坑眶康慷糠   *kàn'g* 抗   *ka'ńg* 抗炕

kao [gao]

kāo 高羔睾膏篙糕   *kào* 槁稿   *káo (kaó)* 告诰

kao' [kao]

kào' (kà'o) 考烤   *ka'ó* 犒靠

kay [gai]

kāy 该   *kày* 改   *káy (kaý)* 丐盖概

kay' [kai]

kāy' (kā'y) 开   *kày'* 凯铠   *káy' (ka'ý)* 慨

ke [ge]

kě 革格胳隔嗝

ke' [ke]

kě' 克客刻咳

ken [gen]

kēn 根跟

ken' [ken]

kèn' 垦恳

keng [geng]

kēng (keñg) 更胘耕羹   *keńg* 更

keng' [keng]

kēn'g (keñ'g) 坑   *kèng' (ken'g)* 肯

keu [gou]

kēu 勾沟抠诟钩   *kèu* 苟狗垢   *kéu* 构够

keu' [kou]

kèu' 口   *k'éu (ke'ú)* 叩扣寇

kia [jia]

kiā 加枷痂家袈跏嘉   *kià* 假   *kiá* 价驾架假嫁稼   *kiǎ* 夹甲

kia' [qia]

kiǎ' 恰掐

kiang [jiang]

kiāng (kiañg) 江姜缰疆   *kiàng (kiàñg)* 讲   *kiáng (kiańg)* 降

kiang' [qiang, jiang]

kiāng' (kiañ'g) 腔蜣　　*kiân'g (kiañ'g', kiañ'g)* 强襁犟　　*kiàng' (kiàn'g, kiàn'g)* 强

kiao [jiao]

kiāo 交郊浇娇骄胶教跤鲛䜌　　*kiào* 侥绞狡铰搅　　*kiáo* 叫觉校轿较教酵缴

kiao' [qiao]

kiāo' 敲　*kiâo'* 桥　*kiào' (kià'o)* 巧　*ki'áo* 巧窍翘撬

kiay [jie, gai]

kiāy 阶皆街　*kiày* 解　*kiáy* 介价戒芥玠界疥诫解概

kiay' [kai]

kiāy' 揩

kie [jie, jia]

kiě 劫结洁揭羯颊

kiě [ji, ju]

kiě 及击吉汲级极诘给急桔棘屐激

kie' [qie, chi, qi]

kiê' 茄　*kiě' (ki'ě, k'iě, kiě)* 切怯吃乞讫泣

kien [jian]

kiēn 奸坚间肩艰监兼碱　　*kièn* 拣茧俭捡检简笺减缄裥　　*kién (kień)* 见件建剑贱监谏鉴健箭毽

kien' [qian]

kiēn' 扦牵悭谦愆搴　　*kiên'* 铅虔钳乾　　*kièn'* 遣　*ki'én (kie'ń)* 欠纤歉谴

kieu [jiu]

kiēu 鸠　*kièu* 九久韭　*kiéu (kieú)* 旧臼究灸枢赳救舅

kieu' [qiu]

kiēu' 丘　*kiêu'* 求囚虬球毬

kin [jin, jing]

kiñ 巾斤今妗茎京金筋襟　　*kiǹ (kiǹ)* 仅紧锦谨　*kiń* 近禁觐

kin' [qin]

kiñ' 钦矜　*kîn' (kiñ')* 吟矜琴勤禽擒蟫

king [jing]

kiñg 京经荆惊　*kiǹg* 颈景儆　*kińg* 径茎胫敬竟境镜

king' [qing]

kiñg' (kiñ'g) 顷轻倾卿　*kińg'* 黥　*kińg' (ki'ńg)* 庆倾磬罄

kio [jue, jiao, ju, que]

kiŏ 觉角脚菊榷

kiǒ [ju]

kiǒ 掬橘鞠

kio' [ke, qiao]

kiǒ' (ki'ǒ) 壳

kiǒ' [qu, que]

k'iǒ (ki'ǒ) 曲屈确䒼麴

kiu [ju]

kiụ̄ 居倨拘鬼驹　*kiụ̀* 矩举　*kiụ́* 巨句拒具俱据距惧锯踞

kiu' [qu]

kiụ̄' (ki'ụ̄) 区岖驱躯　*kiụ́'* 朐渠　*kiụ̀'* 衢　*ki'ụ́* 去

kiue [jue]

kiụě (kiuě) 决诀茁掘蕨

kiue' [que]

kiuê' 瘸　*kiụě' (kiuě')* 缺阙

kiuen [juan]

kiụèn (kiụ̀en) 卷　*kiụén (kiụ́en)* 卷券倦圈眷

kiuen' [quan]

kiụen' (kiūen') 圈　*kiụe'n (kiuên', kiuê'n)* 权拳缱鬈　*kiụè'n (kiụè'n)* 犬　*kiụén' (kiụ'én)* 劝

kiun [jun, jing, jiong]

kiụ̄n (kiūn) 军均君菌痉鞠　*kiụ̀n (kiùn)* 窘

kiun' [qun]

kiụ̂n' (kiûn') 裙群

kiung' [qiong]

kiūn'g 芎　*kiụ̂n'g (kiûn'g)* 穷琼

ko [ge, guo, gu, jue]

kō 戈哥歌锅　*kó* 个　*kǒ* 各鸽阁割搁葛桔角

kǒ [gu, guo]

kǒ 谷骨郭

ko' [ke, kuo]

kō' 科窠   *kò'* 可颗   *k'ó* 课   *kǒ'* 渴嗑阔

kǒ' [ku, ke]

k'ǒ' 哭窟酷磕

ku [gu, ku]

kū 沽孤姑贾菇鸪辜骷   *kù* 古估股牯舩鼓臌瞽   *kú* 固故顾雇锢

ku' [ku]

kū' 枯刳箍   *kù'* 苦   *k'ú* 库裤

kua [gua]

kūa 瓜   *kùa (kuà)* 剐寡   *kuá* 卦挂褂   *kuǎ* 刮

kua' [kua]

kūa' 夸   *ku'á* 胯跨

kuan [guan]

kuān 关鳏

kuan' [kuang]

ku'án 旷

kuang [guang]

kuāng (kuañg) 光胱筐①   *kuàng* 广

kuang' [kuang]

kuâ'ng (kuân'g) 狂恇   *kua'ńg* 旷

kuay [guai]

kuāy 乖   *kuày* 拐   *kuáy* 怪

kuay' [kuai]

ku'áy (kua'ý) 快块筷

kue [guo]

kuě 国

kuen [gun]

kuèn 衮滚   *kuén* 棍

kuen' [kun]

kuēn' 坤昆   *kuè'n* 捆阃   *ku'én (kue'ń)* 困

kueng [kong]

kuēng 肱

---

① "筐"字仅见一例，可能漏标送气符。

kuey [gui]

kuēy 归龟规皈闺珪桧晷瑰　*kuèy* 轨诡鬼傀　*kuéy* 刽贵桂跪鳜

kuey' [kui, gui]

kuēy' (kuē'y, kūe'y) 亏圭恢盔窥　*ku'éy* 匮愦愧聩柜①

kung [gong, kuang]

kuñg 工弓公功攻宫恭蚣躬　*kuǹg* 矿②　*kuńg* 共贡供

kung' [kong]

kūn'g (kuñ'g) 空　*kuǹ'g* 孔恐　*ku'ńg* 控

kuo [guo, kuo]

kùo (kuò) 果裹　*kúo (kuó)* 过聒　*kuǒ* 括廓

kuo' [kuo, ke]

ku'ó 课　*kuǒ' (ku'ǒ)* 阔廓

kuon [guan]

kuōn 关观官冠棺　*kuòn* 管馆盥　*kuón* 贯冠掼惯灌鹳罐

kuon' [kuan]

kuōn' (kuō'n) 宽　*kuò'n* 款

ky [ji]

kȳ 几讥饥机矶鸡基箕稽羁　*kỳ* 几己麂　*ký* 计记伎纪忌妓奇季既继悸寄稷髻

ky' [qi]

kȳ' 欺溪稽　*ký'* 其歧祈奇崎期骑棋旗麒　*kỳ'* 起启　*ký' (k'ý)* 气弃契器

la [la]

lǎ 拉喇腊蜡辣镴

lan [lan]

lân (lañ) 兰拦栏琅蓝篮缆　*làn (laǹ)* 览揽懒　*lán (lań)* 烂滥褴

lang [lang, liang]

lañg 狼郎廊榔螂　*laǹg* 朗　*lańg* 浪晾踉

lao [lao]

lâo (laô) 牢劳痨　*lào (laò)* 老佬唠潦　*laó* 涝

lay [lai]

lây (laŷ) 来　*laý* 赖濑癞

---

① "柜"，七例均带送气符。

② 七例"矿"字都记为 kuǹg，见词条 Abrir minas 注释（p.2）。

le [le]

lĕ 肋勒

leang [liang]

leâng (leañg) 良凉梁量粮   *leañg* 两   *leańg* 亮凉量晾

leao [liao]

leâo 僚撩缭燎蓼   *leào* 了瞭   *leáo* 疗料撂镣

leng [leng]

leñg 棱   *leǹg* 冷

leu [lou]

lêu (leû) 搂楼蝼髅   *leú* 陋镂瘘漏

lie [li, lie]

liĕ 历列例烈猎裂

liĕ [li]

liĕ (lyĕ) 力立砾栗粒雳

lien [lian]

liên (lieñ) 奁连怜帘联廉磏鲢臁   *lièn (lieǹ)* 敛脸辇撵   *lién* 练炼殓链

lieu [liu]

liêu (lieû) 柳留流琉硫旒溜榴镏瘤鎏   *lièu (lieù)* 柳   *liéu* 六溜

lin [lin, ling]

liñ 邻林临淋绫蔆磷鳞   *liǹ* 廪   *lińn* 吝辚

ling [ling, lin]

liñg 伶灵苓玲铃凌陵棱翎零麟   *liǹg* 领岭   *lińg* 另令

lio [lüe]

liŏ 掠略

liu [lü, lei]

liû 驴鑢   *liù* 吕侣旅屡褛绺   *liú* 虑滤   *liǔ* 律羸

liuen [luan, lian]

liuên 孪   *liuèn* 脔   *liuén (liuén)* 恋

lo [luo, lu, yue]

lô 罗萝逻锣箩骡螺   *lò* 裸   *lŏ* 乐络烙骆捋啰落酪禄鹿箓

lŏ [lu, lü, liu]

lŏ 陆录鹿禄戮绿六

lu [lu]

lû 庐芦炉   *lù* 卤虏掳鲁橹   *lú* 赂路鹭鹭露嚅

lun [lun]

lûn (luń) 仑伦沦纶轮　　*luń* 论

lung [long, lun]

luńg 抡　　*luńg* 龙咙笼隆砻聋　　*luǹg* 拢珑胧窿　　*luńg* 弄

luon [luan]

luôn 銮　　*luòn* 卵　　*luón* 乱

luy [lei, li]

lûy 雷　　*luỳ (lùi)* 垒累蕾儡颣　　*luý* 类泪戾累擂

ly [li, lü, lie]

lý 厘狸离梨犁漓璃黎篱藜蛎詈痢蜊藜　　*lỳ* 礼李里将理履　　*lý* 历吏丽励利隶俐莉砺

ma [ma]

mâ 麻蟆　　*mà* 马玛码蚂　　*má* 骂

man [man]

mân 蛮　　*mán* 慢谩

mang [mang]

mâng (mańg) 忙芒盲茫　　*màng* 莽蟒

mao [mao]

mâo 毛矛茅　　*mào* 卯　　*máo* 芼冒帽媚貌耄

may [mai]

mây 埋　　*mày* 买　　*máy* 卖

me [mai, mo]

mě 麦脉茉墨默

men [men]

mên 们

meng [meng]

mêng (meńg) 萌　　*mèng (meǹg)* 孟猛蜢蠓　　*meńg* 孟

meu [mou, mu, mao]

mêu 谋眸　　*mèu* 亩牡某　　*méu (meú)* 茂贸

miao [miao, mao]

miâo (mîao) 苗描猫锚　　*miào* 杪渺　　*miáo* 妙庙

mie [mie]

miě 灭篾

miě [mi]

miě 咩觅秘密幂蜜

mien [mian]

miên 眠绵棉   *mièn* 免勉娩冕   *mién* 面洒

mieu [miu]

miéu 谬

min [min]

mîn 民   *mìn (miǹ)* 眠悯敏

ming [ming, min, meng]

mîng (miǹg) 名明鸣铭盟瞑   *miǹg* 皿   *mińg* 命

mo [mo, mu]

mô 摩磨魔   *mò* 么   *mó* 磨   *mǒ* 末抹莫漠膜幕

mǒ [mu, mo]

mǒ 木目沐沫牧睦没寞

moey [mei]

moêy (môey, muêy) 玫枚眉梅媒楣霉   *moèy (moèi, muèy)* 每美浼   *moéy* 妹昧媚瑁

mu [mu, mo]

mû 模摸   *mù* 母拇姆   *mú* 墓慕幕

muen [men]

muên 门   *muén* 闷

mung [meng]

mûng (muńg) 蒙懵   *muńg* 梦

muon [man]

muôn 蔓馒瞒鳗   *muòn (mùon)* 满   *muón* 慢

my [mi, mei]

mỳ (mî) 迷弥   *mỳ (mi)* 米糜   *mý* 谜没寐

na [na, ne]

nâ 拿哪   *nà* 拿   *ná* 那   *nǎ* 讷呐纳衲

nan [nan]

nân 男南难楠   *nán (naǹ)* 难

nang [nang]

nańg 囊

nao [nao]

nào 恼脑瑙　*náo* 闹

nay [nai]

này (nài) 乃奶　*náy* 奈耐

neng [neng]

nêng (neńg) 能

niang [niang, yang]

niâng (niańg) 娘　*niàng (niańg)* 酿仰

niao [niao]

niào 鸟　*niáo* 尿

nie [nie, ye]

niě 捏嗫镊捻业

niě [ni]

niě 逆匿慝溺

nien [nian, yan]

niên (nîen) 年粘捻碾黏严岩研　*nién (nień)* 念砚验

nieu [niu]

nièu (nîeu) 牛　*nièu* 扭纽杻钮

ning [ning]

nîng (nińg) 宁泞

nio [nüe]

niǒ 虐疟

niù [nü]

niù (nìu) 女汝①

no [nuo]

nô 傩　*nó* 糯　*nǒ* 诺

nu [nu]

nû 奴　*nù* 弩　*nú* 怒

nun [nen]

nún 嫩

nung [nong]

nûng (nuńg) 农浓脓

---

① "汝"（niù）仅一例（p.176）。

nuon [nuan, nen]

nuòn 暖　*nuón* 嫩

nuy [nei]

núy (nuý) 内

ny [ni]

nỳ 尼泥霓　*nỳ* 你呢　*ný* 腻呢

o [wo, wu]

ǒ 握恶

pa [ba]

pā 巴叭芭疤　*pà* 把笆　*pá* 罢霸　*pǎ* 八拔

pa' [pa]

pâ' 扒爬耙琶　*pá' (p'á)* 帕怕

pan [ban]

pān (pañ) 班斑搬癍　*pàn* 版板版　*pán (pań)* 办颁瓣

pan' [pan]

pān' 攀　*pa'ń* 盼

pang [bang]

pañg 邦梆　*pàng* 榜绑　*páng (pańg)* 蚌谤棒

pang' [pang]

pañ'g 滂　*pân'g (pañ'g, pań'g)* 旁傍膀螃　*p'áng (pa'ńg)* 胖

pao [bao]

pāo 包胞褒　*pào* 宝保褓褒　*páo (paó)* 报抱豹苞暴

pao' [pao]

pāo' (pā'o) 泡胞抛　*pâo' (pâ'o)* 袍跑　*p'áo (pa'ó)* 泡疱炮刨脬

pay [bai]

pày 摆　*páy* 败拜稗

pay' [pai]

pây' (pâ'y) 排牌　*p'áy* 派

pe [bo, bai, bei]

pě 卜伯帛柏钵白百北

pe' [po, pai]

pě' (p'ě) 迫珀魄珀拍

peng [beng]

peñg 崩

peng' [peng]

pēn'g 烹   *pên'g* 朋

peu' [pou]

pèu' 剖

piao [biao]

piāo 标镖镳   *piào* 表婊

piao' [piao]

piāo' (pīa'o) 漂飘   *piâo'* 嫖瓢藻   *piá'o (pi'áo)* 票漂

piě [bie]

piě 别

piě [bi]

piě (pyě) 必毕笔逼壁璧襞

piě' [pi]

p'iě (pi'ě) 匹疋辟僻劈癖霹

pien [bian]

piēn (pīen, pieñ) 边编蝙鞭   *pièn (pieǹ)* 扁貶匾褊   *pién (pień, pyén)* 变便遍辨辩辫骈

pien' [pian]

piēn' (piē'n, pīe'n) 偏篇   *piên'* 便   *pién' (pi'én, pie'ń)* 片骗

pin [bin, bing]

pīn 宾滨殯槟   *pìn (piǹ)* 秉禀牝   *piń* 鬓

pin' [pin, ping]

pîn' (piñ') 贫嫔苹   *piǹ'* 品

ping [bing]

pīng (piñg) 冰兵   *pìng* 饼   *píng (pińg)* 并病柄

ping' [ping, pin]

pîn'g (piñ'g, piñg') 平评坪凭屏瓶   *piń'g* 聘[①]

po [bo, bao]

pō 波玻   *pò* 跛笸   *pó* 薄簸   *pǒ* 卜泊驳拨剥钵菠博箔膊薄簿雹

---

① "聘",七例均为后鼻音。

pǒ [bu]

pǒ 不卜①

po' [po, pu]

pō' 坡   *pô'* 婆   *pò'* 叵   *pó' (p'ó)* 破   *pǒ'* 仆泼扑朴

poey [bei]

poēy 杯悲辈碑丕②   *poéy* 狈背倍焙褙鞴

poey' [pei]

poē'y 胚   *poêy' (poê'y)* 陪培赔   *po'éy* 配

pu [bu, pu]

pù 补捕哺谱③   *pú* 布步部簿

pu' [pu]

pū' (p'ū) 铺   *pû'* 匍菩脯葡蒲   *pù'* 普   *p'ú* 铺

puen [ben]

puēn 奔   *puèn (pùen)* 本   *puén* 奔笨

puen' [pen]

puê'n 盆   *pu'én* 喷

pung' [peng]

pûn'g (puñ'g) 蓬篷

puon [ban]

puōn 般   *puón* 半拌绊

puon' [pan, pin]

puōn' 拼④   *puôn' (pûon', pûo'n)* 盘   *pu'ón* 判泮叛畔伴⑤

py [bi, bei, pei]

pȳ 屄   *pỳ* 比妣俾鄙   *pý* 闭庇畀陛毖敝婢痹避蔽鼻臂篦鬓备被辔

py' [pi]

pȳ' 批坯披   *pý' (p'ý)* 皮疲琵脾   *pỳ'* 痞   *pý' (p'ý)* 屁砒譬

sa [sa]

sǎ 萨撒靸

---

① "萝卜"的"卜"读为 *pǒ*,"卜卦"的"卜"读为 *pǒ*。
② "丕绩"的"丕",仅一例(p.139)。
③ "谱",两例均无送气符。
④ 见 p.22,接连六例"拼"都读作 *puōn'*。
⑤ "伴",九例均带送气符。

san [san, shan]

sān 三杉删衫珊舢   sàn 伞   sán (sań) 散

sang [sang]

sañg 丧桑   sàng 磉   sańg 丧

sao [sao, shao]

sāo 缫   sào 扫嫂   sáo (saó) 扫骚噪燥燥艄

say [sai]

sāy 腮鳃   sáy (saý) 赛

se [se, shi, sai]

sě 色虱涩啬瑟塞穑

sen [shen]

señ 参   sén (seń) 渗

seng [seng, sheng]

señg 僧生牲笙甥   seǹg 省

seu [sou, shou]

sēu 搜溲   séu (seú) 啾漱瘦

siang [xiang]

siāng (siañg) 相厢箱镶   siàng (siaǹg) 想鲞   siáng (siańg) 相象像

siao [xiao]

siāo 消宵硝销鞘箫潇   siào 小晓   siáo 肖笑鞘

sie [xie, xi, xue]

siē 些   siê 邪斜   sièe 写   sié 泻卸谢   siě 泄屑亵夕隙楔

siě [xi, xie]

siě 习析息席惜媳锡熄膝蟋蝶楔

sien [xian]

siēn (sieñ) 仙先纤鲜暹   siên 涎   sièn 癣   sién (sień) 线

sieu [xiu]

siēu 羞修   siéu (sieú) 秀袖绣宿锈

sin [xin, xun]

siñ 心辛芯新   siń 寻蕁   siń 信讯迅

sing [xing]

siñg 星腥   siǹg 醒省   sińg 性姓

sio [xue]

siǒ 削

siu [xu, shu]

siŭ 须胥需蝑鑐   siŭ 序绪竖   siŭ 戍

siue [xue]

siuĕ (siuě) 雪

siuen [xuan]

siūen (siuēn) 宣   siùen (siuèn) 选   siuén 选

siun [xun, sun, jun]

siûn (siûn) 旬巡循恂   siùn 笋榫   siún 浚

so [suo, su]

sō 唆梭蓑   sò 所琐锁   sǒ 索唢琐朔莎嗦塑

sǒ [su, shu, xu, shuai]

sǒ 俗夙肃速宿缩戍束续率蟀

su [su, shu]

sū 苏粟酥稣梳疏蔬   sù 数   sú 诉素嗉塑溯觫数

sun [sun, xun]

sūn 孙   sùn 损笋   suń 逊

sung [song]

suñg 松蚣   suńg 讼宋送诵颂

suon [suan]

suōn 痠酸   suón 蒜算

suy [sui, cui, shuai]

sūy 虽遂   sûy (suŷ) 随遂   sùy 髓   súy (suý) 岁邃碎粹穗帅

sy [xi, si, xu]

sȳ 西犀嘶   sỳ 洗玺徙   sý 细婿

ta [da]

tà 打   tá 大   tǎ 达莛搭答鞑

ta' [ta]

tā' 他   tǎ' 踏塌搨

tan [dan]

tān 单丹担殚   tàn 胆   tán (tań) 旦但担诞啖淡弹蛋

tan' [tan]

tān' 贪滩   tân' 坛谈弹痰檀   tàn' 毯   ta'ń 叹炭探袒

tang [dang]

tāng 当裆铛   tàng 挡党   tańg 当荡

tang' [tang]

tān'g (tāñ'g, tañ'g) 汤挡噇　tâng' (tân'g, tañ'g, tañg') 唐堂塘糖螳　ta'ńg 烫

tao [dao]

tāo 刀　tào 岛搗倒祷　táo (taó) 导到道盗稻蹈

tao' [tao, tuo]

tāo' 滔饕　tâo' 逃桃陶淘　tào' 讨　ta'ó 套唾①

tay [dai]

tày (taỳ) 歹　táy (taý) 代待玳怠带袋戴

tay' [tai]

tāy' (tā'y) 胎　tây' 台苔抬　t'áy (ta'ý) 太汰态泰

te [de, te]

tě 得特德

te' [te]

tě' 特慝

teng [deng]

teñg 灯登　teǹg 等戥　teńg 凳镫

teng' [teng]

teñ'g (teñg') 疼腾藤

teu [dou]

tèu 斗抖枓　téu (teú) 斗豆痘陡②

teu' [tou]

tēu' 偷　têu' 头投骰　téu' (te'ú) 透

tiao [diao]

tiāo 刁雕　tiáo (tiaó) 吊钓掉

tiao' [tiao]

tiāo' 挑　tiâo' 条调　tiào' 挑　tiáo' (ti'áo) 粜跳

tie [die, di]

tiē 爹　tiě 跌牒叠碟蝶　tiě 的敌涤笛滴嫡

tie' [tie, ti]

tiě' (tiě', ti'ě) 帖咕贴铁饕剔摘

---

① "唾"，四例都与"套"同音。

② "陡"字仅见一例，标为去声。

tien [dian]

tiēn 颠癫　tièn 点典奠　tién (tień) 电佃店玷垫殿靛

tien' [tian]

tiēn' 天忝添　tiên' (tiê'n) 田甜填　tièn' 舔

tieu [diu]

tiēu 丢

ting [ding]

tiṅg 丁叮疔钉鼎　tìṅg 顶　tíṅg 订钉定淀碇锭

ting' [ting]

tiṅg' (tiñ'g) 厅　tiṅg' (tiń'g) 廷庭亭停　tìṅg' (tiǹ'g) 挺　ti'ńg 听①

to [duo]

tō 多哆　tò 朵垛躲　tó 剁舵堕惰　tǒ 夺度铎掇

tǒ [du]

tǒ 独毒笃读渎牍督

to' [tuo]

tō' 拖　tô' 驮陀驼橐　tò' 妥　tǒ' 托脱

tǒ [tu]

t'ǒ 突

tu [du]

tū 都　tù 杜堵赌睹　tú 肚妒度渡镀

tu' [tu]

tû' 图徒途涂屠　tù' 土吐　t'ú 吐兔

tun [dun]

tūn 盾墩　tùn 盹顿　tún (tuń) 沌炖钝顿礅

tun' [tun]

tūn' 吞　tûn' (tuñ') 屯豚臀

tung [dong, dun]

tuṅg 东冬　tùṅg 懂　tuńg 动冻栋洞顿②

tung' [tong]

tuṅg' (tūn'g, tuñ'g) 通　tuńg' (tûn'g, tuń'g, tu'ńg) 同桐铜童瞳　tuǹ'g 桶统筒　tuńg' (tu'ńg) 痛

---

① "听"字逾50例，均记为去声 ti'ńg，今普通话无此音。

② 安顿的"顿"，六例为后鼻音（tuńg），三例为前鼻音（tún 或 tuń）。

tuon [duan]

tuōn 端　tuòn 短　tuón 段断缎锻

tuon' [tuan]

tuôn' (tu'ôn) 团

tuy [dui]

tūy 堆　túy (tuý) 队对兑碓

tuy' [tui]

tūy' 推　tûy' 颓　tùy' 腿　t'úy (tu'ý) 退蜕褪

ty [di]

tỳ 低提堤　tý 诋抵底柢　tý 地弟帝递第

ty' [ti, di]

tý' 梯　tý' (t'ý) 提堤啼题梯蹄　tý' 体　t'ý 屉替剃涕嚏

u [wu]

ū (gū) 污　ù (gù) 五

ua [wa]

uā 哇娃蛙　uà (ùa, vùa) 瓦　uǎ (vuǎ) 袜

uan [wan]

uān 弯湾　uân (vuân) 玩顽　uàn (vuàn) 挽晚绾婉碗　uán 腕

uen [wen, yun]

uēn (vuēn) 温缊榅瘟蕴

ul [er]

ûl 儿而　ùl 尔耳饵　úl 二贰

ung [weng]

uňg 翁　uńg 瓮鼃

uo [wo, wu]

uō (vō) 倭窝腛　uǒ (vǒ, uǒ, vǒ) 涡握屋

uon [wan]

uōn 剜　uôn (vuôn) 玩顽　uòn 宛

vu [wu]

vû 无毋芜巫　vù 武侮诬鹉舞　vú 务误鹜雾

vuan [wan]

vuán 万

vuang [wang]

vuâng (vuaňg) 亡王　vuàng 往柱网　vuáng (vuańg) 王妄忘望

vuay [wai]

vuāy (uāy) 歪　*vuáy* 外

vue [wu]

vuě 物

vuen [wen]

vuên 文纹闻蚊　*vuèn* 刎吻稳　*vuén* 问鲲

vuo [wu]

vuǒ 勿

vuy [wei]

vûy (uŷ) 微　*vùy (uỳ, vùey)* 尾　*vúy (vuý, uý, vuéy)* 未味

xa [sha, sa]

xā 沙纱砂裟鲨　*xà* 洒　*xǎ* 杀煞歃

xan [shan]

xān 山　*xán* 讪

xang [shang]

xāng (xaňg) 伤商　*xaňg* 赏　*xáng (xaňg)* 上尚

xao [shao]

xāo 烧梢　*xào* 少　*xáo (xaó)* 少哨捎

xay [shai]

xāy 筛酾　*xáy* 晒

xe [she]

xē 赊　*xê* 蛇　*xè* 舍　*xé* 社舍射赦摄麝　*xě* 舌设涉慑摄

xě [shi]

xě 十失石式折识实饰适拾室拭食蚀湿释鲥

xen [shan, chan]

xēn 膻　*xên* 禅蝉　*xèn* 闪陕　*xén (xeń)* 苫扇善掮煽骟擅膳赡鳝

xeu [shou]

xēu 收　*xèu* 手守首　*xéu* 寿受兽授绶

xin [shen, chen, xing]

xīn (xiñ) 申伸身呻深　*xîn* 绅神辰晨　*xìn (xiǹ)* 审婶撑　*xín (xiń)* 什肾甚慎

xing [sheng]

xīng 升声　*xîng (xiñg)* 绳　*xíng* 圣胜乘盛剩

xo [shu]

xǒ 术叔属赎塾熟镯

xoa [shua]

xòa 耍

xoang [shuang]

xoāng 双霜   xoàng 爽

xoay [shuai]

xoāy 衰

xu [shu]

xṷ (xū) 书舒输   xṷ 殊   xụ̀ (xù) 暑署薯鼠   xú (xú) 成竖树恕庶   xǔ 术

xue [shuo, shua]

xuě 说刷

xun [chun, shun, xun, xuan]

xûn (xṷn) 纯唇淳鹑旋   xún (xuń) 顺瞬驯旋

xuy [shui, shuai]

xûy 谁   xùy 水   xúy (xuý) 税睡帅

xy [shi, si]

xȳ 尸诗施蛳   xý 时匙鲥   xỳ 始屎   xý 示世市式势侍试视柿是恃逝弑嗜誓寺

y [yi]

ȳ 伊衣医依噫   ỳ 仪夷迤怡宜姨洟痍移遗颐疑   ỳ 已以迤蚁倚椅   ý 义艺刈忆议异易谊肆意缢毅臆翳懿

3.10　文化词汇

前文讨论《葡汉词典》，分析过其上所见汉语词汇的类型。将视线后推百年，转而考察《官话词汇》，我们会发现所录词汇的面貌有了显著变化。

首先是体现日常生活的普通语文词，在口语和书面语两个层面上都大为丰富，语义愈加细化，复合词及词组尤多。例子无须多举，只看一个字，"行为"的"行"（3.2.4节），我们便能体味到汉语里面一批单音语素的强大构词能力及其积极活跃的程度。那时候中国人自己编纂词典，大都偏重文言古语，罕有哪位著家会觉得有必要收取如此多的普通语文词。

其次，专业领域的词汇有了大变动。较之《葡汉词典》，《官话词汇》上的航海用语明显减少；而较之《汉法词典》，宗教、哲学、科学、文教诸方面的词汇增加了许多。从词语立条、中西对译、内容诠释一直到配备例证，明确传达语用须知、语体要求等，《官话词汇》的学术含量和实用价值都大幅超过前两部西洋汉语词典。到万济国投身编写词典之时，传教士入境扎根已经有年，得以深度体验中国社会，熟晓中国文化，其感悟、认知与阐发便在《官话词汇》的相关条目中得到记载。虽然词典不像专门的学术作品，载录的内容既零碎又分散，但把散见于各条的叙述按类别归拢起来，或许就能理出有些领域的概念系统。

3.10.1 中国文化词

文化词汇要有三方面：一，属于中国本土，欧洲没有的；二，中国所无，为欧洲固有的；三，中西都有的文化词，多少有些相像，一定程度上可以互译，但细究的话就不无区别。《官话词汇》上的文化词有一大批，涉及宗教、伦理、哲学、政制、教育、历法、礼仪、民俗、亲属关系等诸多话题，为这部西洋汉语词典增色不少。

对于源出中国本土的文化词，万济国在译释中经常会附上说明，告诉读者这些是中国人的说法。如"土地神"，系中国人常说的庇护神。有时，称某一事物或概念是他们的，意思也一样，即源自中国的。如"做年"，指的是中国人过他们的新年。这样的说明语有近百处。"土地神""做年"之类是最简单的词例。碰到有些文化词，既须翻译又得诠释，还要交代来源，不时又作中西对比，这就比处理普通语文词多费不少工夫，并且要求有专门而精深的知识。因此，许多包含文化词的条目要比一般条目更为复杂，而且往往牵带出更多关联的内词条。

例如，借助词目Signos del Zodiaco（黄道带的标志），引出"节气"一词；其下有内词条los 12. signos（黄道带的十二个标志、黄道十二宫），对译以"十二辰、十二宫"，列有"白羊宫"（白羊座）、"双兄宫"（双子座）、"天平宫"（天秤座）等全部十二个星座名。整个这一星座系列，连同其图像符号，本来出自西方，但很早就传入中国，以至到万济国的时代已觉不出多少外国味，无须注解从哪里来。继之，再设词目Signos 24. que ponen los chinos（中国人制定的二十四个黄道带标志），这时才出现真正的节气名，分春夏秋冬四季，列出立春、雨水、惊蛰、春分等等，次序、名称、注音无一差错。如此，以半西半中、半天象半历法的方式，将黄道的十二分和廿四分编排在一处，有触类旁通的好处，学理上也能成立。仅这两个词条，就占去大半页篇幅。

宗教注定是万济国最关心的话题。万济国称中国自身的宗教有三大派系，即儒、释、道。今人会说，虽然是三种信仰体系，儒家却不应被视为宗教。问题不仅在于有神无神，还在于奉持信仰的方式。要知道中国人自己也奉儒为神，各地无处不设"文庙、孔子庙"，把孔夫子当作偶像来祭拜，所以在西洋教士眼中，儒与佛、道两派的行教方式并无二致，不外乎烧香磕头，建庙供养。不过，言及偶像，主要还是指菩萨、土神之类，祭拜偶像也即"敬拜菩萨"，最为天主教所不容，属于"背教""叛教"的行为。西教徒与佛教徒每日必做的一门功课，西语都称为沉思冥想（Meditar），到了汉语里则表述有别：西教徒强调一个"默"字，说"默想、默体、默会、默存"，或祷祝而不出声，称"默祷、默祈、默念、默颂"；佛教徒则突出一个"坐"字，说"坐善、坐想、入定坐工"，是为"禅思"。一般而言的暗自寻思，不涉及宗教，则叫"内想、内思、思念"。由这样的细微分别，可知传教士使用词语多么考究。不管传递何种内容，讲经布道本身就是一门言语的艺术。

儒的另一项概念含义与宗教无关，表示文教与知识，如"儒学、儒生、儒者、儒医、先儒、后儒、寒儒"。这里说的"儒学"，不是指儒家学说，而是指地方教育机构，级别较高者为"府学"，其下分设县学、村学。最高的一级为皇家学院，即"国学"或"国子监"。关于科举制，传教士在其叙事纪行的作品中早有报道，相关的概念术语在词汇书上必然获得记录。不过，科举词语载入词汇书，通常会比见于直接的报道晚一些年。通读《葡汉词典》《汉法词典》《官话词汇》三者之后，我们会发现这类词语从没有到少量，及至数量众多，俨然成一体系，展现了传教士对科举制的认识过程，从几无所知到全面深入的了解，关注与熟悉的程度都大为提高。

关于中国的考试制度，《葡汉词典》没有提供任何信息，既没有哪个葡语词目涉及科举，也没有哪个汉语词特指科举制或其某一方面。虽然有"儒者、书生、文士"等词，却是对读书人的泛泛称谓。倒是有"秀才"一词，但那是用来对译Doutor（博士、学者），显然也属于泛称,而非学衔之一。可以想见,这本词汇书因为动笔很早,无论编写者是海员、行商还是传教士,对中国社会文化的认识都还浮于表面。

两三代人过后,《汉法词典》便有显著的进展,开始收录与科举有关的词语。除了前文述及的"科举、设举、会魁、经魁、返场"诸词,还出现了"秀才""举人"、"廪受"(获廪金的秀才),"乡试"(选拔举人的考试)、"会试"(选拔博士的考试)、"案首"(童生参试拔得头名)、"解元"(举人头名)、"得秀才""读举人"等。但有两点不足,一是收词很随意,缺乏通盘的考虑,以至遗漏要紧的词语,如最高一级的殿试、进士、状元都未言及;二是释义不准确,如把"科举"解释为经考试获得"读举人"的资格,把掌管学政的"提学"释为国家总理。

再看《官话词汇》,其上出现的科考词语不仅丰富得多,释义也大都确当。这些词语分散于各页各条,单独视之并不起眼,聚拢之后则很可观,足见万济国一番搜辑的苦心。下列括号内的说明语,都是他对相关词语所做的解释,我们只需代他汇总,将他的阐述略加分类:

科考制:科举,科考,科试,考校(每三年举行一次)。
考场与应试学校:科场(科考场所,尤指三年一度选录举人的考场,每省设有一所),贡院(选录秀才的学校及岁考场地,每个城市都有一所),府学(各省的地方学校)。
皇家学院:国子监,翰林院。
各级考试:考童生,岁考;乡试,会试,殿试、廷试;考选(为选拔官员举行的考试);赴考。
责任官员:主考,副考(负责考录举人);提学道,宗师(负责一省考务的官员);学官,学司(料理一市或一县考务的官员)。
就学资格及学位:进士,举人,秀才。
考生及官学生:生员,进学的;监生(皇家学院学生),廪生(领取皇家津贴的优等生);食廪的,廪膳的,补廪粮(赐予优等考生的年金);蓝衫(生员或考生穿的衣服),儒衣,青员领(举人穿的衣服)。
公布成绩:发榜;黄榜,金榜(入选博士名单),春榜(中式名单),秋榜(中举名单),龙虎榜;中进士,中举。
第一名:状元,解元;案首,批首,头名,第一名,一等的。

第二名：增广。

第三名：附学。

报喜庆贺：报进士，迎进士，迎秀才；琼林宴（款待进士），鹿鸣宴（款待举人），鹰扬宴（款待武官）。

科举是中国人的头等大事，民间与官方同样看重。传教士入华之初，对科举制几无所闻，继而窥见局部，为之入迷；最终得识全体，向西方述介的热情大增。这一认识推进的过程，我们从三部词典上收录相关词语的情况可以察见大概。

3.10.2 欧西文化词

欧洲自有的文化词，表达的经常是中国所无的事物或概念。星期制，每七日为一轮，中国原无此分。星期制随西教礼拜仪式入华，遂有创定汉译名的必要。《官话词汇》列出的一套译名很全，从"主一""主二"直到"主六""主七"（或"主日"），由表示星期名的西语词目带出，无一漏收。《华语官话语法》上谈及星期，所用与此一致。十九世纪上半叶俄国神父比丘林著《汉文启蒙》，在日期表示法一节里谈到星期制，用的也是同一套译名，以"主日"称星期天，其余六天为"主一"至"主六"。① 这套译名现在偶尔还有宗教界人士使用，民间则已废弃不行。

关于星期，《官话词汇》上还提供了一套可替换的名称，即"瞻礼"某日。除"瞻礼一"未出现，从"瞻礼二"至"瞻礼七"也都齐全不缺。星期天不叫"瞻礼日"，而叫"瞻礼七"，因为"瞻礼日"通指天主教的节假日，"守瞻礼日""做瞻礼"的意思都是放洋假、过洋节。此外，同为七日一周，天主教内部的称法也不一致，西班牙道明会士说的主一、主二、主六，相当于葡萄牙耶稣会士所说的主二、主三、主七，余可类推。对此万济国也都逐条注明，以免其他会派的读者产生误解。

如今南方话里管星期几叫礼拜几，而当年万济国既不称礼拜几，也不说做礼拜。这可能是因为，"礼拜"一词其他宗教派别已在用，如穆斯林信徒管清真寺叫"礼拜祠"。或也可能是因为，他并不知道有"礼拜几"之说，从一开始就管星期几叫"主几""瞻礼几"？

---

① Бичурин（1835：80）。

须知在天主教术语的汉译史上，称星期为"礼拜"是很早的事情。先于万济国半个世纪，有一本用西班牙文撰写的《漳州话语法》（1620），便列有从"礼拜"（星期、星期天）、"礼拜一"到"礼拜六"的全套说法。①

在把欧西文化词译入汉语时，为便于中国人领悟接受，万济国会考虑使用汉语里现成的字眼，尽量不另造新词。在这类场合，尤须避免混淆，点明所指的对象出自欧洲，强调是属于欧洲人的，而非他们中国人的。如词目Biblia（《圣经》）、Autoridades de los Santos（圣人语录之权威），分别对译为"经典""经典圣人"，而论及经典、圣人，中国人自己也并非没有，故须注明：这是我们的说法。又如Supersticion（迷信），对译为"异端"，也注明是我们圣教的说法，因为中国人说到"异端"，多指有悖主流思想即儒教的学说。在另一处，以"异端"对译词目Heregia（邪说、异教），此时中西词义相近而可通，也就无须分别他们与我们。或者一个概念，宽泛而言中西可通，细分之后便显出不同。如Aiuno（戒斋），对译为"斋"，西教与佛教都奉持斋事。下设的内词条"大斋"和"小斋"，则言明是我们的，大斋泛指西教士必须遵守的斋期，小斋特指仅戒肉食的斋期。

但有些时候，会刻意避免使用现成的汉语词，免得让人误会为中国的物事。如教士穿的袍子（manto），汉译不称长袍或斗篷，而叫"幔身布""幔身绸"。天主教的寺庙，汉译作"会院""天主堂"或"圣堂"，而不叫"寺院"，因为那指的是和尚庙。如今通行的"教堂"一词，尚不见于《官话词汇》。

以上是一些较简单的例子，无论利用旧词还是创造新词，汉译的结果都不难懂得。与天主教有关的成百个词语，包括组织、会派、圣职、仪式、祭典、西洋乐器、一应专用器物等，均在其列。听讲和交流的对象如果是普通民众，有了这些方面的词语大概也就够用，但如果对方是喜好穷根究底的学人，就会与传教士讨论起宗教哲学的问题，于是要用到某些抽象的概念，如本质、存在、神性、物性。这一类高度抽象的概念，汉语里面有的虽有现成的词语可供对译，但要让身为语言学习者的传教士一一寻觅，也不大容易；有的概念并无现成的表达，便需要意译或转述。单独一个概念还好办，如果由某一概念为基础，构成一个意思相互牵连的概念群，传译的难度就更大。

---

① Klöter（2014：348–349）。

3.10.3 哲学字眼

先看词目Naturaleza（天性、本性、本质），对译的三个词"性资、资性、性体"为同义关系，都是汉语自有的抽象名词，在上古到中古的文献里可以找见用例。然后，以Naturaleza为中心词，构成一系列复合表达，如下面四条分别表示神性、人性、物性、心性（pp.148-149），是宗教哲学的基本概念：

Naturaleza diuina（神明之本质、神性）	天主之性.
Naturaleza humana（人类之本质、人性）	人性.
Naturaleza de la cosa（事物之本质、物性）	性情 性本 本性.
Naturaleza espiritual（精神之本质、心性）	灵性 神性 无形之性.

万济国的汉译，大部分用的是汉语自有词；有时难以觅得现成的汉语词，不得不以转述的方式对译，如第一条"天主之性"，意思也还明白。最后一条中出现的"无形之性"，却不是对译，而是在解释其前的两个对译词。这里的"神性"，取的是该词的古义，指精神或心灵，"神"犹神智、心智，与神祇并无关系。论汉译词语与西语词目的对应程度，以第二条的"人性"最高，而以第三条的"性情"最低。中国古代思想家重人文、轻物理，关于人性的阐述极多，却很少就物性的问题展开讨论，此所以人性与物性两个概念，前者早有"人性"一词专指，而后者迟迟缺少一个专称，以至万济国为物性所拟的三个译法都可以兼指人性。他何以不仿照"天主之性"的构式，把第三个词目译成"物之性""事物之性"或"万物之性"，这有点让人费解，须知"物""事物""万物"三个词在《官话词汇》上反复出现，正是用来对译名词cosa及其复数形式cosas（事物、众物、万物）。

我们再来欣赏一组宗教、哲学兼伦理的概念，讲的是上天赐予的四项才赋（Dotes），汉译谓之"身四恩""身四德"或"身四美"，简称"身美"（p.79）：

Dote de claridad（清晰畅亮之才）	光明.
Dote de agilidad（敏捷灵动之才）	轻快.

Dote de penetrabilidad（析事透理之才）	无碍.
Dote de incorruptibilidad（廉正无瑕之才）	无损.

"光明、轻快、无碍、无损"四者，即所谓四恩或四德，起初可能是佛教用语（如《金光明经·赞叹品第四》便有"光明无碍"一句），被万济国取为己用，添加了本教的理解与诠释。类似这样的抽象概念及其表达，不要说以成组的方式，哪怕是单独一个，在《汉法词典》上也不多见，更不必说《葡汉词典》，其上鲜有词语涉及精神领域。到了《官话词汇》，才涌现一系列属于哲学话语的抽象概念，可证中西语言已跨越事物领域的交往，上达至精神层面的互通。同时，哲学话语的出现与万济国本人喜好学问的趣尚也不无关系。并非所有的传教士，都像他那样性喜哲理，善于辨析词语。表示抽象概念的字眼，中西语言有时能够对应，有时两相异趣，对此万济国如何甄别异同，将准确的定义赋予概念，我们从表达"存在"的若干词语可以窥知一二。

当我们说，某事某物一直存在、某种现象依然存在、某个问题已不存在等等，我们用的是"存在"一词的日常含义，即"有"或"没有"。而当我们说，存在决定意识而非相反，这时的"存在"却不是普通语文词，而是专门的哲学概念，指一个外在于人类且不以人类意志为转移的物质世界。查《现代汉语词典》，或者上百度搜索"存在"一词，我们读到的便是上述两个义项。但晚明至清初，汉语里似乎还没有"存在"这个词，于是我们不免好奇：为传达西语里表示"存在"的概念，万济国用了哪些个汉语词。

今人熟知的莎士比亚《哈姆雷特》名句"To be or not to be"，其中的to be（是、有、存在）是一个系动词，变形为being之后就成了抽象名词，表示物质世界的存在或事物的本质。西班牙语里，与英语to be相当的系动词是ser，兼用为哲学意义的抽象名词。现代汉语的"存在"与西语的ser有类似处，不仅名、动兼形，而且兼具日常语言与哲学语言二用。《官话词汇》上没有"存在"一词，近义的单音词则有三个：有，体，在。前两个一并见于词目Ser, o, entidad de la cosa（存在，或事物之本质）的对译。

关于"有"，上文3.3节讲到，万济国曾将其字活用为特指"存在"的抽象名词。

关于"体"，万济国举有短语"无形无影灵体"，意思是既无可量计，亦无实态可察的精灵。他注解道，"体"字完全可以用于表示神灵的本质或精神的实质。汉语里说到某物某事的"体"，虽然多指实体本身，却也不排除非物态的精神存在，乃至想象中的事物，如曹植《洛神赋》："遗情想像，顾望怀愁。冀灵体之复形，御轻舟而上溯。"古老的复合词"灵体"，被万济国塞进了西教的内容。近世李大钊撰有《物质变动与道德变动》一文，第三节谈及西方宗教哲学史，称"这时[十七世纪]的宗教渐渐离开自然界和物质，神遂全为离于现实界的不可思议的灵体"。① 句中的"灵体"一词，很接近万济国当年的用法，只不过万济国所奉的神灵具有真实的存在，绝非不可思议的虚构。宗教本来就是一种信仰，信之才"有"神与"灵体"，否则一切都谈不上。

最后是动词"在"，其重要性更在前两个字之上。"有"说的是存在，"体"说的是本质，而"在"说的是活力。何以称上帝是真确的存在，具有实在的本质，就因为其随时处处都"在"。试看下面三个并列的内词条，均为拉丁文，由短句Dios esta presente en todo lugar（神处处都在）及其汉译"天主无所不在"引出（p.178）：

— per essentiam（通过其本质）. 以其体在.
— per presentiam, et inspectiones（通过其当下的存在和显现）. 以现在、以目在.
— per potentiam（通过其万能之力）. 以其权能在.

无论过去或现在，牧师布道时都会反复声称：神无处不在。底下的听众则不免要发问：您说神到处都在，表现何在呢？《官话词汇》记下的三在说，便是万济国就这一问题提供的一份答案。

万济国热衷于宗教哲学，他在这方面的取向在我们的意料当中。但他执着于汉语研究，投身撰著语法、编纂词典，实已超出日常播教的需求。他对哲学的爱好以及对知识的追求，是全方位的而非功利性的。并且，他的视野不囿于欧西文化，如自然哲学的基本概念"元素"，《官话词汇》不仅为其设立专条，且对欧洲、印度、中国三家之说作了比较：欧洲古有四大元素说，译称"四行"或"四元行"，即"火、气、水、土"；佛教所主的是另外四种元素，称为"四

---

① 李大钊（1919）。

大",即"地、水、火、风";中国人则主张"五行",即"金、木、水、火、土"五大元素。此外还提到"气",也视为一种基本元素,盖即道家所奉的元气或真气。

3.11　小结

《官话词汇》是一部西班牙语—汉语词典,与《华语官话语法》配套,属于十七、十八世纪在华道明会士从事汉语教学的专用材料,在词类如量词、副词的处理上相呼应。书中采用的注音工具自成一统,相当成熟,调符和送气符俱全,唯其着落尚无定规。所记的音系,本于明清之际的南官话音以及中国字书传承的读书音,而北官话音则在兼顾之列。其收词与立证,大抵以白话为先,日常生活语汇十分丰富,但也不放过书面表达,包括从章回小说上摘取例句。著者万济国长居中国,出于社交需要对字词的修辞色彩、语句的礼貌功能等尤为关注;又独好文教、伦理、哲学,译出译入都不乏比较的视野。

跋　语

　　本书集录了三部西洋汉语词典，从觅取原著、细读文本、逐条译解，以及还原汉字、考订字形、辨析音义，撰写相关话题的文章，直至汇集成册，将词典正文与导论合为一书，历时十年有加。引言述及，笔者为从事项目"西方汉语研究史"，须研读一批原著，三部西洋汉语词典就在其列。浏览涉猎则更早。拙著《西方语言学史》于2011年发表，其中有一小节谈及早期西士编纂的欧汉双语词典，便从万济国的《官话词汇》上摘取了四个词条，以示这一类词典有别于旧时中国字书之处。

　　"西方语言学史"和"西方汉语研究史"，在笔者所从事的语言学史研究中是两个相呼应的领域。回顾西方语言学史，其开端在希腊罗马，之后步入中世纪，千余年里欧洲语文学家的视野极少越出欧洲，最远也只达近东，所能把握的现代语言都使用拼音文字，都具有丰富的词形变化。中世纪以后则起巨变，因为进入了大航海时期，一个世界语言际会的全新时代迎面袭来。欧洲人由此走出欧陆，开始接触其他各洲的语言，包括远东的汉语。由于结构迥异、文字独特，且文献浩博、记录古远，使用人口众多而地理分布广阔，影响力及于周边多国，汉语不独吸引了十七、十八世纪欧洲语言学家的目光，而且一度成为全欧学坛的热门话题，哲学家、史学家、科学家、艺术家等也纷纷参与讨论。正是从那一时代起，西方语言学上开始出现一个专治汉语的分支。

　　有人会说，这是因为我们从中国人的立场放眼望去，寻找切身相关的点和面，才以为存在这样一个分支及其发展史，称之为"西方汉语研究史"。然而，即便是西方人写欧美语言学史，行笔至近代也会谈到汉语如何进入欧洲人的视野，从而造就了一段别致的景观。如罗宾斯在其著《语言学简史》（1967）的第五章"文艺复兴时期及以后"里，就提到利玛窦、金尼阁、万济国等传教士，他们对汉语汉字的认识与探索既惠及欧洲语言学本身，又促进了中国传统的语言文字研究，同时也为中西现代语言学的交流互通打下了前站。只说注音一端，今天我们回观中文拼音史，不应忘记此举的源头不在现代而在晚明。当年西儒创制拉丁注音的辛苦，各自寻求合理方案的努力，读者翻览过三部西洋汉语词典，想必会有所领略。

本书系国家社科基金后期资助项目，于2019年季春提请申项。其时三部词典的译释均已形成初稿，导论也已撰就大半。获批立项以来，所事工作要有两方面。一是根据匿名评审专家的意见，修订术语、措辞等，并酌情增补研究内容。如原题"早期西洋汉语词典三种"，有两位专家认为"早期"一词所指不明，宜使用相对清晰的历史概念，故而现稿改称"明末清初西洋汉语词典三种"。又有专家建议加强音韵研究，为此特就《葡汉词典》补撰"注音与方音"一节，分别梳理声母和韵母系统，澄清了入声是否有所标记的问题；另就《官话词汇》的注音系统展开讨论，着重分析调符和送气符的运用，以及一字双调、一字兼注二音等现象，同时考察万济国所记北南官话音的差异，最后编制一张字音表，以与今普通话字音对照。二是延请各语行家校订译文，根据反馈再次细读词典文本，琢磨疑难条目并做适当处理。应邀参与校订的学者，有北京大学西语系葡萄牙语专业王渊博士、西班牙语专业宋扬博士，北京外国语大学法语系傅荣教授、中文学院王继红教授和钟雪珂博士。

评审专家的有些意见，虽未全部采纳，但也促使笔者再思此项研究的宗旨与价值，愿借机申述于下。

或提议，既然都是词典，应当采用基于词典学方法论的研究框架，按照收词原则、释义条例、编排方式等步骤统一展开，而目前三部词典分头进行，不免有失凌乱。这方面若有不足或考虑欠周，笔者自思主要还是因为三部文本的研读与译释有先有后，完成于十年间的不同时段，要想回过头来重新规划并构建框架，已非时力所能允许。其次也是因为，本项研究立题的初衷旨在发掘近代语言史料，而不在梳理词典编纂史，所以，针对每一文本的语言文字特点，研究的侧重面自会有所不一。期盼日后有词典史家，考虑将这批早期的西洋汉语词典写入双语词典史，甚至在中国词典史的专著里为其留出一席。今天的中国语法学史家，在回溯汉语语法研究史的时候已不会放过西洋汉语语法书，同理，汉语词典史的考察范围也有待扩展，延伸至西洋汉语词典，且不限于这里讨论的三种。

或认为，"西洋汉语词典"一名欠妥，就实质而言三部原作都是翻译词典或汉译词典。本稿所说的"西洋汉语词典"，即西方人为学汉语而编纂的欧汉—汉欧词典。翻译是语言之间实现意义交流与互换的一种方式，是形式而非内容本身。拙见三部词典的内容实质或研究价值，首先在于历史语言学，其上的字词和语句可以用作考察近代汉语史以及汉字发展史的补充资料；其次在于对比语言学，能为国内汉语界带来一种观察对象的域外视角。如有专家指出，《官话词汇》包含的普通词汇价值不小，因为明清学人只关注小学，编写字书时很少顾及普通交际词汇，目前学界所见的几部明清口语辞书，其上的词汇大都靠当代学者从历史文献中搜寻辑录。

感谢参与评审、助力校订的学界同人，以及援手申项的院系科研处同志。若有出版社不嫌题材异类，乐意承担印制，笔者也鸣谢在先。伏案多年，终于结稿，如今提笔写这篇跋语，大有千日行装一朝卸脱的快意。而快乐之余也不无遗憾，尤其是一些词条尚未得解，期待有心者一起继续来推究。

2022年6月15日
于北外外国语言研究所

又记：

过去的两年里，蒙北京大学出版社不弃，使本稿得以付梓。校读是一项考验耐心的活计，亏得有责编路冬月全程相帮，不仅致力规范文字，还将三部词典的每一页、每一条都与原文核对一过，及时发现了一些问题。我夸冬月仔细认真，她答道，身在编辑岗位，不敢不认真啊！余岁有限，乐享静好生活，若还有心力探问学术，直愿以"不敢不认真"五字与同人共勉。

2024年5月16日
于京西上河村

参考书目

一、引用文献

Adelung, Johann Christoph. 1806. *Mithridates, oder allgemeine Sprachenkunde*. Berlin: Vossischen Buchhandlung. Republished in 1970 by Georg Olms Verlag, Hildesheim/New York.

Anonymous. 1580s. *Dicionário Português-Chinês*. Rome: The Archives of the Society of Jesus. Jap Sin I, 198. [= Witek, John W. (ed.). 2001.]

Anonymous. 1620. *Arte de la Lengua Chio Chiu*. Biblioteca de la Universidad de Barcelona, Ms. 1027. In Klöter, 2014: 412ff.

Anonymous. 1670. *Dictionaire Chinois & François*. In Kirchere, 1670: 324-367.

Chirino, P. Petrus. 1604. *Dictionarium Sino Hispanicum*. Rome: Biblioteca Angelica. Mss. Fondo Antico 60.

Coblin, W. South. 2006. *Francisco Varo's Glossary of the Mandarin Language*. Monumenta Serica Monograph Series LIII/1-2. Annotated by W. South Coblin. Sankt Augustin: Monumenta Serica Institute.

Edkins, Joseph. 1869. *A Vocabulary of the Shanghai Dialect*. Shanghai: The Presbyterian Mission Press.

Kircher, Athanasius. 1667. *China Monumentis, qua Sacris quà Profanis, Nec non Variis Naturae & Artis Spectaculis, Aliarumque Rerum Memorabilium Argumentis Illustrata*. Amstelodami: Apud Joannem Janssonium à Waesberge & Elizeum Weyerstraet.

Kircher, Athanasius. 1670. *La Chine d'Athanase Kirchere de la Compagne de Jesus, Illustrée de plusieurs Monuments Tant Sacrés que Profanes, et de quantité de Recherchés de la Nature & de l'Art. A quoy on à adjousté de nouveau les questions curieuses que le Serenissime Grand Duc de Toscane a fait dépuis peu au P. Jean Grubere touchant ce grand Empire. Avec un Dictionaire Chinois & François, lequel est tres-rare, & qui n'a pas encores paru au jour. Traduit par F. S. Dalquié.* A Amsterdam, Ches Jean Jansson à Waesberge, & les Heritiers d'Elizée Weyerstraet.

Klöter, Henning. 2010. *The Language of the Sangleys: A Chinese Vernacular in Missionary Sources of the Seventeenth Century.* Leiden/Boston: Brill Academic Pub.

Kluge, Friedrich. 1975 / 1883. *Etymologisches Wörterbuch der deutschen Sprache.* 21. unveränderte Auflage. Berlin / New York: Walter de Gruyter.

Martini, Martino. 1696. *Grammatica Linguae Sinensis.* In Melchisedec Thevenot, *Relations de divers voyages curieux.* The Public Library of the City of Boston.

Masini, Federico. 2003. Notes on the first Chinese Dictionary published in Europe (1670). *Monumenta Serica* 51: 283-308.

Prémare, Joseph Henri de. 1831. *Notitia Linguae Sinicae.* Malaccae: Cura Academiae Anglo-Sinensis. MDCCCXXXI.

Prémare, Joseph de. 1847. *Notitia Linguae Sinicae.* Translated into English by J. G. Bridgeman. Canton: Printed at the Office of the Chinese Repository.

Robins, R. H. 1967/2001. *A Short History of Linguistics.* Beijing: Foreign Language Teaching and Research Press.

Varo, Francisco. 1679. *Vocabulario de la lengua mandarina con el estilo y vocablos conq. se habla sin elegancia. Compuesto por el pe. fr. Fran^{co} Varo ord. Pred. ministro de China consumado en esta lengua, escriuese guardando el orden del A.B.c.d.^{o}* Staatsbibliothek zu Berlin. Libri sin. 29.

Varo, Francisco. 1703. *Arte de la lengua Mandarina.* Canton. (*Francisco Varo's Grammar of the Mandarin Language.* An English Translation by W. South Coblin & Joseph A. Levi. Amsterdam / Philadelphia: John Benjamins Publishing Company. 2000.)

Witek, John W. 2001. *Dicionário Português-Chinês. Portuguese - Chinese Dictionary, by Michele Ruggieri & Matteo Ricci.* San Francisco, CA: Ricci Institute for Chinese-Western Cultural History, University of San Francisco.

Бичурин, Никита Яковлевич. 1835. Китайская Грамматика (Хань-вынь Ци-мынъ. 漢文启蒙). С. Петербургъ: Въ Литографіи Гемильяна.

郭　骏，2013，二十世纪以来的南京方言研究，《南京晓庄学院学报》第5期。

黄　征、张崇依，2012，《浙藏敦煌文献校录整理》，上海：上海古籍出版社。

（德）阿塔纳修斯·基歇尔，2010，《中国图说》，张西平、杨慧玲、孟宪谟译，郑州：大象出版社。

（法）金尼阁，1626，《西儒耳目资》，杭州；1957，北京：文字改革出版社。

康华伦，2011，罗明坚和利玛窦编辑的所谓《葡汉辞典》（*Dicionário Português-Chinês*）中的一些不一致/ Castellazzi, Valentino. Some Discrepancies about the So-called Portuguese-Chinese Dictionary of Matteo Ricci and Antonio Ruggieri，魏思齐《辅仁大学第六届汉学国际研讨会"西方早期（1552—1814年间）汉语学习和研究"论文集》，新北：辅仁大学出版社，153–179页。

（意）利玛窦，1605，《西字奇迹》，程大约《程氏墨苑》；2012，朱维铮《利玛窦中文著译集》，上海：复旦大学出版社，245–289页。

（意）利玛窦、（比）金尼阁，1997 / 1983，《利玛窦中国札记》，何高济、王遵仲、李申译，北京：中华书局。

李大钊，1919，《物质变动与道德变动》，《新潮》第2卷第2号。

孙华先，2013，《〈南京字汇〉中的〈官话类编〉词汇》，北京：世界图书出版公司。

（西）瓦罗，2003，《华语官话语法》，姚小平、马又清译，北京：外语教学与研究出版社。

王　力，1982，《同源字典》，北京：商务印书馆。

杨福绵，1989，罗明坚和利玛窦的《葡汉辞典》（历史语言学导论），《第二届国际汉学会议论文集》，台北："中央研究院"，191–242页。/ Yang, Paul Fu-mien. 1989. The *Portuguese Chinese Dictionary* of Michele Ruggiere and Matteo Ricci: A Historical and Linguistic Introduction. In Witek, 2001: 98-141.

姚小平，2007，早期的汉外字典——梵蒂冈馆藏西士语文手稿十四种略述，《当代语言学》第2期。

姚小平，2011，《西方语言学史》，北京：外语教学与研究出版社。

姚小平，2014a，明末《葡汉词典》译释体例考，《当代语言学》第4期。

姚小平，2014b，从晚明《葡汉词典》看中西词汇的接触，《当代外语研究》第9期。

姚小平，2014c，从语法到修辞——马若瑟《汉语札记》评析，《当代修辞学》第4期。

姚小平，2015a，明末《葡汉词典》的汉字，《中国语文》第2期。

姚小平，2015b，《汉法词典》（1670）考释，《语言科学》第3期。

于淑健，2012，《敦煌佛典语词和俗字研究》，上海：上海古籍出版社。

赵　红，2012，《敦煌写本汉字论考》，上海：上海古籍出版社。

赵祎缺，2011，河南方言动物"阉割"类词语诠释，《河南教育学院学报》（哲学社会科学版）第4期。

二、工具书

（按问世年代顺序排列，当今网络字典居后）

《说文解字》，[汉]许慎，北京：中华书局，1963年。

《玉篇》（宋本），[梁]顾野王，北京：中国书店，1983年。

《干禄字书》，[唐]颜元孙，日本龙谷大学藏本，宽延二年（1749年）。

《龙龛手镜》（高丽本），[辽]释·行均，北京：中华书局，1985年。

《类篇》（姚刊三韵本），[宋]司马光等，北京：中华书局，1984年。

《广韵》（宋本），[宋]陈彭年等，北京：中国书店，1982年。

《集韵》（宋本），[宋]丁度等，上海：上海古籍出版社，1985年。

《洪武正韵》，[明]乐韶凤等，《四库全书》本。

《篇海类编》，[明]宋濂，续修《四库全书》本。

《六书辨正通俗文》，[清]曹维城，乾隆五十七年清稿本。

《中华大字典》，徐元诰、欧阳溥存、汪长禄等，上海：中华书局，1915年。

《宋元以来俗字谱》，刘复、李家瑞，北平：中央研究院历史语言研究所单刊之三，1930年。

《中文大辞典》，林尹、高明，台北："中国文化学院"，1968年。

《汉语方言常用词词典》，闵家骥、晁继周、刘介明，杭州：浙江教育出版社，1991年。

《汉语方言大词典》，许宝华、（日）宫田一郎，北京：中华书局，1999年。

《敦煌俗字典》，黄征，上海：上海教育出版社，2005年。
《闽南方言大词典》，周长楫，福州：福建人民出版社，2006年。
《汉英词典》（第三版），姚小平，北京：外语教学与研究出版社，2010年。
《葡汉词典》，陈用仪，北京：商务印书馆，2001年。
《现代汉语词典》第六版、第七版，中国社会科学院语言研究所词典编辑室，北京：商务印书馆，2012、2016年。
《汉语方言发音字典》，http://zh.voicedic.com/。